The Practice

La justice à la barre

Série dirigée par
Jean-Baptiste Jeangène Vilmer
et Claire Sécail

Diffusées sur les petits écrans ou commercialisées en DVD, les séries télévisées produites ces dernières années ont connu un succès critique et public sans précédent, justifiant le concept de *quality television* qui caractérise le renouveau des programmes télévisés américains depuis les années 1980. Façonnant des « communautés » de téléspectateurs, elles génèrent leur propre univers et sont capables de véhiculer des valeurs d'un continent à l'autre. Cette série a pour objectif d'analyser de tels objets culturels, de comprendre les raisons de leur prospérité et d'en apporter des clés de lecture.

ISBN 978-2-13-059418-5

Dépôt légal – 1re édition : 2012, avril

6, avenue Reille, 75014 Paris

Nathalie Perreur

The Practice

La justice à la barre

PRESSES UNIVERSITAIRES DE FRANCE

THE PRACTICE

Fiche d'identité

Titre original : *The Practice*

Pays de création : États-Unis

Créateur : David E. Kelley

Première diffusion : ABC, 1997

Première diffusion en France : Série Club, 1999

Nombre de saisons : 8

Diffusion dans pays d'origine : 1997-2004

Genre : Série judiciaire

Distribution : Dylan McDermott (Bobby Donnell), Steve Harris (Eugene Young), Michael Badalucco (Jimmy Berluti), Camryn Manheim (Ellenor Frutt), Lisa Gay Hamilton (Rebecca Washington), Kelli Williams (Lindsay Dole Donnell), Lara Flynn Boyle (Helen Gamble), Marla Sokoloff (Lucy Hatcher), Linda Hunt (Zoey Hiller), Holland Taylor (Roberta Kittleson), James Spader (Alan Shore)…

The Practice met en scène le quotidien d'un cabinet d'avocats de Boston.

INTRODUCTION

Série judiciaire réaliste, *The Practice* met en scène l'univers d'un petit cabinet d'avocats de Boston, confronté à des difficultés financières chroniques. À la différence des séries judiciaires classiques, *The Practice* s'efforce d'impliquer le téléspectateur, par un discours socialement et politiquement engagé, dans une réflexion sur la société américaine contemporaine, ses institutions et ses valeurs. Les failles du système judiciaire et de la société américaine sont interrogées sans relâche au fil des 168 épisodes de la série, qui, de saison en saison, explore et examine les cas de conscience de ces avocats de la défense, partagés entre un devoir de loyauté à l'égard de leurs clients, leurs propres convictions et préjugés, et leur obligation de servir la justice.

The Practice est l'œuvre de David E. Kelley, un ancien avocat qui a fait ses armes dans la fiction télévisée en écrivant la majorité des scénarios de *La Loi de Los Angeles (LA Law)*[1], avant de créer notamment

1. NBC, 1986.

Un drôle de shérif (connu également sous le titre *La Ville du grand secret* ou *High Secret City ;* titre original : *Picket Fences*)[1], *La Vie à tout prix (Chicago Hope)*[2], *Ally McBeal*[3] et *Boston Public*[4], puis *Boston justice (Boston Legal)*[5] et *Harry's Law*[6].

Produite par 20th Century Fox Television et diffusée sur le network américain ABC de mars 1997 à mai 2004 (8 saisons, 168 épisodes de 42 minutes), la série a été diffusée originellement le dimanche soir à 22 heures, puis retransmise le lundi soir à partir de janvier 2003[7] – un changement de case qui a fait chuter sensiblement l'audience. Renouvelée *in extremis* par ABC en contrepartie de coupes budgétaires importantes, *The Practice* se poursuit en septembre 2003 pour une huitième saison sans la présence de six de ses comédiens principaux. À cette occasion, Alan Shore, personnage burlesque interprété par James Spader, fait son entrée dans la série, accompagné de seconds rôles inédits. Son

1. CBS, 1992.
2. CBS, 1994.
3. Fox, 1997.
4. Fox, 2000.
5. ABC, 2004.
6. NBC, 2011, inédite en France.
7. Avec pour concurrence frontale l'immense succès de téléréalité diffusé sur Fox, *Joe Millionnaire*.

licenciement du cabinet servira de prétexte au développement en 2004 d'une série dérivée, intitulée *Boston Justice*[1].

En France, *The Practice* a été successivement – mais jamais intégralement – diffusée, dès 1999, par Série Club, M6 et Jimmy notamment. Malheureusement, seule la première saison de la série a fait l'objet d'une publication en coffret DVD[2]. Malgré ses qualités et son succès aux États-Unis, elle demeure injustement méconnue en France, éclipsée probablement par le succès d'*Ally McBeal*.

The Practice, UN EXEMPLE DE « TÉLÉVISION DE QUALITÉ »

Série remarquable par la richesse et la complexité de ses scénarios et de ses discours, *The Practice* appartient à la catégorie des séries télévisées que Robert Thompson ou Jane Feuer qualifient de « télévision de qualité », et que nous qualifions, pour notre part, de « néoséries ».

Dans un ouvrage consacré à l'histoire et à la définition de cette « télévision de qualité », Thompson

1. ABC, 2004-2008.
2. *The Practice, vol. 1*, 20th Century Fox, 2007.

précise tout d'abord qu'il ne s'agit pas « de la télévision ordinaire »[1] : les séries de qualité contournent les règles de la fiction, en reprenant par exemple les conventions d'un genre traditionnel et en les transgressant. L'attribut de « qualité » est ainsi plus souvent attribué aux séries qui s'éloignent des caractéristiques communes aux œuvres de télévision. D'autre part, la télévision de qualité est aussi caractérisée par le « pedigree » de ses créateurs, qui, forts de leur réputation et de leurs succès passés, « demandent et obtiennent généralement un plus grand degré d'indépendance par rapport à l'influence des *networks* qu'il n'est habituel dans le cadre de la production de télévision commerciale »[2]. Ces programmes sont aussi reconnaissables à la qualité de l'audience qu'elle attire. Le public de ces séries est en effet majoritairement constitué de jeunes téléspectateurs cultivés, très prisés par les annonceurs.

La télévision de qualité, selon Thompson, doit aussi survivre à une « noble lutte contre des *networks* orientés vers le profit et des publics peu tentés »[3]. Ainsi, leur longévité tient principalement

1. R. J. Thompson, *Television's Second Golden Age*, Syracuse, Syracuse University Press, 1997, p. 20.
2. *Ibid.*, p. 14.
3. *Idem.*

à l'équilibre qui s'établit entre la « noblesse des *networks* », qui s'exprimerait dans le renouvellement et la promotion d'un programme aux audiences insuffisantes, et la « stupidité des diffuseurs » qui programment la série dans une case peu génératrice d'audience. Lorsqu'un programme de qualité devient un succès, c'est souvent après une longue lutte. Ce fut le cas de *The Practice*, qui connut des débuts prometteurs, mais subit une certaine érosion de son audience en raison de fréquents changements d'horaires au cours de sa seconde saison. Les saisons 4 et 5 de la série, diffusées entre septembre 1998 et mai 2000, se positionnent toutefois respectivement à la huitième et à la neuvième place du palmarès des 20 programmes de *prime time* les plus regardés.

Les programmes de qualité tendent également à mettre en scène un grand nombre de personnages principaux, permettant le développement d'une variété de points de vue et la création de multiples histoires parallèles, qui méritent une attention égale mais variable en fonction des épisodes. À ses débuts, *The Practice* comptait huit personnages principaux, dont six avocats, une assistante juridique et une femme procureur. C'est en grande partie sur cette diversité de la distribution que reposent la richesse et la complexité des intrigues proposées par la série.

Par ailleurs, précise Thompson, la télévision de qualité a de la mémoire : contrairement aux séries classiques, les personnages s'étoffent, grandissent et évoluent avec l'avancée de la série, qui fait fréquemment référence à des détails et des événements passés dans les épisodes suivants. La télévision de qualité participe, d'autre part, à la création de genres nouveaux par l'hybridation et la transformation de genres anciens. *The Practice* associe des éléments propres à la série judiciaire et d'autres issus du *soap-opera*, comme l'incursion dans la vie privée des personnages ou le caractère ouvert et « feuilletonnant » des intrigues, qui se prolongent sur plusieurs épisodes, voire sur plusieurs saisons. Conçu selon une structure modulaire, chaque épisode de *The Practice* traite en effet de plusieurs affaires simultanément – certaines trouvant leur dénouement rapidement, tandis que d'autres sont filées sur plusieurs épisodes ou plusieurs saisons ; cette superposition donne naissance à une temporalité complexe qui constitue l'une des spécificités de cette série. La télévision de qualité, enfin, aborde en priorité des sujets propres à susciter la controverse et ne se dépare jamais d'une aspiration au réalisme. Nous le verrons, c'est ce qui constitue à la fois l'originalité et l'intérêt de *The Practice*. Ces séries, en dernière analyse, sont destinées à un public attentif et peu enclin à être rebuté par la densité des intrigues et des dialogues : dans *The Practice*, l'attention constante du public est requise par le traitement simultané de plusieurs affaires parallèles, assorties de longues scènes de tribunal faisant alterner des monologues parsemés de termes juridiques complexes et des joutes verbales au rythme tressaillant.

Les séries caractérisées par l'ensemble des points évoqués, conclut Thompson, sont généralement gratifiées d'une avalanche de récompenses et rencontrent un succès critique important. En 1998 et 2000, *The Practice* reçoit l'Emmy Award de la meilleure série dramatique, et se voit attribuer un Peabody Award en 1998. La série est aussi honorée en 1998 et 1999 par le Q Award de la meilleure série dramatique – récompense attribuée à des œuvres novatrices et de qualité par l'association Viewers for Quality Television – ainsi que par le Golden Globe de la meilleure série dramatique en 1999.

Dix ans après la publication de *Television's Second Golden Age* de Robert J. Thompson (1997), un ouvrage collectif intitulé *Quality TV: Contemporary American Television and Beyond* (2007)[1] voit le jour et s'attache à poursuivre la réflexion de Thompson pour tenter

1. J. McCabe, K. Akass (eds.), *Quality TV: Contemporary American Television and Beyond*, Londres, I. B. Tauris, 2007.

de définir ce qui constitue la télévision de qualité dans la période directement postérieure à ce premier ouvrage. La réflexion s'enrichit ainsi à travers l'analyse des nouveaux *dramas* des années 1990 et 2000, en portant un regard destiné à compléter, à préciser et à réévaluer la définition que proposait Thompson de la « télévision de qualité », à l'aune des évolutions récentes du paysage médiatique. Cherchant à définir ce qui caractérise les programmes de télévision de qualité, Cardwell avance dans un chapitre liminaire que de telles émissions tiennent notamment leur qualité des sujets qu'elles abordent, et surtout de la manière dont elles traitent de ceux-ci :

> De plus, ces programmes ont tendance à explorer des sujets « sérieux » plutôt que de représenter les événements superficiels de la vie ; et ils tendent à suggérer que le public sera récompensé s'il recherche une résonance symbolique ou émotionnelle plus importante à l'intérieur du programme[1].

Ces séries sont ainsi plus subtiles qu'elles ne le laissent paraître d'emblée, les effets de sens devant être recherchés de manière active par le public, qui

1. S. Cardwell, « Is Quality Television any Good? Generic Distinctions, Evaluations and the Troubling Matter of Critical Judgment », *in* J. McCabe, K. Akass (eds.), *Quality TV: Contemporary American Television and Beyond*, Londres, I. B. Tauris, 2007, p. 26.

tire une partie de son plaisir de cette richesse dissimulée. Enfin, et nous y reviendrons longuement, c'est aussi de leur forte conscience sociale que de tels programmes tirent leur richesse, se plaçant en témoins réflexifs de leur époque et invitant le public à l'examiner avec un autre regard :

> La télévision américaine de qualité est focalisée sur le présent, proposant des réflexions sur la société contemporaine, en cristallisant celles-ci à travers des exemples ou des cas particuliers. Les « incidents du quotidien », qui sont l'affaire des *soap-operas* ou sitcoms plus basiques et de moindre qualité, sont transformés ici par la suggestion d'une lecture symbolique, réflexive ou oblique, afin d'y dénicher des vérités plus vastes sur la vie ou la société[1].

C'est cette dimension de *The Practice* qui nous intéressera dans cet ouvrage. Cette série est en effet remarquable dans la mesure où elle met en avant, plus que ne le font les séries judiciaires classiques, et de manière plus aiguë et réaliste, des situations légales et morales complexes, particulièrement représentatives des tensions qui traversent l'Amérique contemporaine. C'est en ce sens que cette série mérite pleinement de figurer dans la liste des « séries cultes » : plus de dix ans après sa création, *The Practice* conserve un caractère intemporel dû à l'universalité des questions et des problématiques

1. *Id.*

humaines et sociales qu'elle aborde sans relâche. Les thématiques développées dans cette série, reflétant un certain nombre de problèmes contemporains de sa période de production, entrent en résonance avec une situation sociale, politique, juridique et éthique plus vaste, toujours d'actualité. Cette capacité à pouvoir être revisionnée des années plus tard sans perdre de son intérêt constitue, à notre sens, l'essence d'une série culte.

1

UNE ÉVALUATION CRITIQUE ET RÉALISTE DU SYSTÈME JUDICIAIRE AMÉRICAIN

Pour des auteurs désireux d'interroger notre rapport au monde contemporain, l'espace fictionnel constitue un creuset propice au développement de récits réflexifs, divertissants et engagés, cherchant à faire naître chez leur public un regard critique et renouvelé sur la société. En évoquant les séries contemporaines de qualité, Cardwell signale que :

> Ces programmes sont capables d'élever nos pensées et observations au-delà d'une immersion dans le prosaïque et le quotidien : toutefois, en faisant cela, ils peuvent aussi éclairer, réexaminer et remodeler la signification de l'ordinaire et du quotidien, et ils peuvent le faire de manière répétée. En tant qu'œuvres d'art de valeur, ces programmes font preuve d'endurance et de flexibilité et offrent la possibilité au téléspectateur d'entreprendre une découverte active et de développer une réflexion continue[1].

1. S. Cardwell, « Is Quality Television any Good? Generic Distinctions, Evaluations and the Troubling Matter of Critical Judgment », *in* J. McCabe, K. Akass (eds.), *Quality TV: Contemporary American Television and Beyond*, *op. cit.*, p. 26.

Ce faisant, ces séries s'engagent dans l'espace public, en assumant un rôle moteur dans le débat public.

The Practice, en ce sens, propose à son public une approche réaliste des dessous de la justice américaine. La série s'intéresse de près au travail des avocats de la défense et des procureurs, en mettant en avant le point de vue des victimes de crimes et de leurs familles, comme celui des accusés. Elle rapporte et évalue l'enquête de police et l'arrestation des suspects, présente les différentes tractations entre parties et les discussions « en coulisse » entre les membres du bureau du procureur et les avocats de la défense avant le procès des suspects. Le procès lui-même est examiné de manière détaillée, de même que le verdict et, le cas échéant, la sanction infligée au suspect par le juge ; les procédures d'appel engagées par les prévenus sont évoquées avec soin, tout comme le sont les conditions de détention. La série permet donc de se forger une vue d'ensemble relativement complète du fonctionnement du système policier et judiciaire américain. Elle offre, pour le public national et international, un instantané des rouages de la justice américaine au tournant du XXIe siècle, à l'époque des gouvernements de Bill Clinton et de George W. Bush.

The Practice, un guide pédagogique des procédures légales

Soucieuse de présenter une description précise du fonctionnement de la justice, *The Practice* nous plonge dans les arcanes de l'univers judiciaire, de son vocabulaire, de ses métiers, de ses codes et de ses pratiques. Dans chaque épisode de la série, le téléspectateur est d'abord confronté à une profusion de termes juridiques complexes – près d'une dizaine par épisode, parfois bien davantage. Les scénaristes – pour la plupart avocats ou juristes – ont pris grand soin de s'assurer de l'exactitude du vocabulaire employé ; des consultants juridiques, en outre, ont été régulièrement sollicités par la production. Le plus souvent, les concepts juridiques employés dans la série sont répétés à plusieurs reprises au cours d'un même épisode, par différents personnages et dans différents contextes, pour favoriser la découverte par le public de ce jargon savant. Lorsqu'il s'agit de stratégies légales, par exemple, les avocats de *The Practice* en proposent une explication à leurs clients, qui vaut aussi pour le téléspectateur. Celui-ci se constitue ainsi, à la faveur de la série, un registre de termes juridiques qui lui permettent de mieux appréhender le vocabulaire juridique. Ce faisant, le public se forme de manière ludique, les exemples développés dans la fiction lui permettant en retour de faire sens de cas précis qu'il aura éventuellement l'occasion de rencontrer dans sa propre vie, ou à travers l'actualité judiciaire, par exemple.

Au-delà de ce langage technique que le téléspectateur apprend à reconnaître, la série s'attache à mettre en lumière les rouages du système judiciaire, notamment au travers d'une présentation détaillée du rôle de ses différents acteurs. La série contribue de cette manière à faire découvrir au téléspectateur les différentes professions de l'univers judiciaire. De ce point de vue, *The Practice* n'est pas seulement un *drama* judiciaire, c'est aussi un *workplace drama*, c'est-à-dire une fiction centrée sur le monde du travail : celui des avocats, mais aussi celui de substitut du procureur ou de procureur, deux professions moins connues du public, car moins abordées dans la fiction[1]. Les personnages de juges, en outre, ne sont pas uniquement cantonnés aux scènes de tribunal : le public a accès aux discussions privées qu'ils peuvent avoir avec leurs greffiers ou avec les avocats de la défense,

1. Bien que d'autres séries, comme *New York Police Judiciaire (Law & Order)* ou *The Good Wife*, par exemple, accordent un rôle important à ces corps de métiers.

où ils expriment souvent leurs doutes quant à leur métier ou à la justice, ou leur conception personnelle de leur fonction et des responsabilités qu'elle implique. Le jury est aussi mis en scène dans la série, qui donne par ailleurs la parole à des jurés en dehors de la salle d'audience, une fois le procès terminé, apportant ainsi un éclairage supplémentaire sur le verdict et sur les difficultés rencontrées au cours des débats. D'autres métiers, à l'image des greffiers ou des assistants, sont aussi mis en scène et décrits comme autant de ressorts nécessaires au fonctionnement du système judiciaire. En observant en plein travail des personnages qu'il a appris à connaître, le public découvre et assimile les contours de ces métiers ; il est amené à comprendre quelles sont les tâches, les responsabilités de ces professionnels de la justice, les pressions qu'ils subissent au quotidien, ainsi que leurs interactions avec d'autres intervenants du système judiciaire. Les rapports hiérarchiques auxquels ils sont soumis sont également mis en avant, à l'instar du procureur et de ses substituts diversement gradés, ou encore la différence existant entre les associés principaux, les simples associés et les avocats employés par le cabinet.

La fiction présente aussi les multiples facettes du métier d'avocat : en plus de défendre leurs clients, ceux-ci se muent en hommes ou en femmes d'affaires contraints de faire tourner le cabinet et d'y faire rentrer de l'argent. La série apporte ainsi un éclairage sur le coût de la justice, évoque les honoraires des avocats, ce qu'ils coûtent à leurs clients et ce que ceux-ci leur rapportent. Dans un épisode de la saison 6, Bobby Donnell enjoint ses associés d'encourager leurs clients à accepter des accords financiers ou des dommages et intérêts plutôt que d'attendre un verdict incertain – le cabinet empochant alors un pourcentage sur ces règlements. Dans un autre épisode, Bobby rappelle à un client d'Eugene qu'en refusant un arrangement financier de plusieurs millions de dollars, il lèse le cabinet, qui devrait en principe toucher une partie de cet argent. Bobby l'informe donc que le cabinet l'attaquera pour toucher sa part. Outré par l'intrusion de Bobby, Eugene condamne fermement son geste :

> Ce que tu viens de faire, ce n'est pas digne d'une personne éthique, ni d'un avocat honorable. [...] Tu as humilié le cabinet tout entier avec cette petite scène. Et bien plus, tu t'es humilié toi-même. (Saison 7, épisode 11)

Son intervention se révèle néanmoins efficace, puisque le client finit par accepter l'arrangement.

The Practice présente plus concrètement un caractère pratique pour les téléspectateurs, en les renseignant notamment, le cas échéant, sur leurs propres droits : familier des séries judiciaires et policières, le public américain sait par exemple qu'il a le droit de demander un avocat, qu'il peut refuser de répondre à certaines questions susceptibles de l'incriminer, etc. ; il apprend aussi quelles conduites sont acceptables ou non au cours d'une arrestation, d'un interrogatoire ou d'un procès. Barbara Villez avance ainsi que les séries servent de « formation civique et juridique »[1] au téléspectateur, et évoque le fait que les séries de qualité lui ont permis d'approfondir et de mieux appréhender les bases de la loi, acquises à travers le visionnage d'autres séries judiciaires. De ce fait, ces séries, en complexifiant les modèles mis en scène, ont favorisé le développement de l'expérience du téléspectateur en la matière.

La série participe aussi de la familiarisation du public avec la procédure juridique, dans la mesure où chacune des étapes d'un procès fait l'objet d'un traitement minutieux au fil des épisodes. Ainsi, le visionnage de quelques épisodes suffit à avoir un aperçu assez détaillé du déroulement de l'action en justice : enquête de police, mise en examen

1. B. Villez, *Séries télé : visions de la justice*, Paris, PUF, 2005, p. 123.

officielle de l'accusé, audience préliminaire, puis procès pénal, avec l'examen de la compétence et de l'acceptabilité des jurés et des témoins, exposé préliminaire du ministère public puis de l'avocat de la défense, argumentaire de l'accusation et interrogation des témoins, contre-interrogatoire de la défense ; s'ensuit un nouvel interrogatoire par le procureur, l'argumentaire de la défense, le contre-interrogatoire des témoins par le procureur, puis par la défense, et, enfin, arguments finaux des deux parties – réquisitoire de l'accusation et plaidoirie de la défense –, réponse de l'accusation, etc. Cette dernière étape est souvent présentée de manière détaillée, donnant lieu à de longs monologues de la part des deux parties en présence – une pratique assez inhabituelle dans la fiction télévisée, qui privilégie traditionnellement l'enchaînement rapide de répliques brèves. Ces répliques contradictoires ininterrompues, visant aussi bien à convaincre le jury fictionnel que le téléspectateur, présentent généralement une somme d'arguments convaincants, qu'ils soient émotionnels ou rationnels, qui placent le public dans la position du jury. Doté des mêmes connaissances sur l'affaire que le juré, confronté aux mêmes arguments des deux parties, le public est incité à prendre position pour un camp ou pour un autre, à s'impliquer dans le verdict – en somme, à répondre à la question, implicite mais bien présente : « Et vous, comment jugeriez-vous ce suspect ? »

Les recommandations éventuelles du juge, quant aux lois sur lesquelles les jurés doivent se fonder dans leurs délibérations, s'adressent en réalité au jury aussi bien qu'au public, *a fortiori* lorsqu'il rappelle que le doute doit bénéficier à l'accusé, et que l'on ne peut condamner sans preuve irréfutable de sa culpabilité. La reprise récurrente de la formule « une preuve au-delà de tout doute raisonnable » dans *The Practice* rappelle sans cesse au public qu'un jugement ne saurait être le produit de réactions émotionnelles ; il doit au contraire s'appuyer sur des preuves fermes et tangibles. Le procès se poursuit ensuite par la délibération du jury, qui doit conduire à un verdict unanime. Cette partie, synonyme de suspense dans la série, n'est généralement pas donnée à voir au téléspectateur, qui se place du côté des avocats et de l'accusé dans une attente anxieuse. Dans *The Practice*, l'annonce du verdict, à la fin de l'épisode, est un moment de résolution très attendu et codifié. En témoigne la formule rituelle du juge : « Monsieur le premier juré, vous êtes-vous mis d'accord sur un verdict ? », donnant lieu à la même réponse du jury : « Oui, Monsieur/Madame le/la juge » ; « Quel est-il ? », s'enquiert le juge, précédant ainsi l'annonce du verdict : « Dans l'affaire État contre Douglas Forsythe, sous l'inculpation de meurtre au premier degré, le jury a déclaré l'accusé non coupable » (Saison 2, épisode 5).

On peut donc prêter un caractère pédagogique à cette série, qui décrypte, au fil de cette trame fictionnelle réaliste, le fonctionnement de la justice. La fréquentation de la série permet ainsi au public d'accéder à un savoir plus précis sur les rouages techniques de la justice américaine. Pour autant, la série ne se prive pas de prendre certaines libertés par rapport à la réalité ; les procédures telles qu'elles sont représentées dans la fiction sont bien plus rapides qu'elles ne le sont dans la réalité. Les téléspectateurs ne sont pas dupes de ces écarts entre la fiction et la réalité, mais ils tendent à envisager la série comme réaliste, ce que suggère par ailleurs le contrat de lecture : dans ce contexte, le public peut supposer avec raison que ce qu'il a appris de la justice dans la fiction s'applique aussi à sa propre réalité. Pour autant, la série n'a pas pour dessein de remplacer un cours de droit, mais de divertir le téléspectateur et de le pousser à s'interroger sur la justice et son fonctionnement dans la société.

Une remise en question éthique des professions liées à la justice

Parmi les objectifs premiers de *The Practice* figure une volonté d'évaluer la justice contemporaine, ses pratiques et son fonctionnement. De nombreuses intrigues sont donc élaborées dans cette optique. Un motif critique s'établit ainsi de manière filée au rythme des épisodes de la série, de manière à pointer du doigt certaines anomalies ou défaillances du système judiciaire autour desquelles sont construits les scénarios.

The Practice, comme la plupart des néoséries réalistes, met en scène des personnages ambivalents. Leurs attitudes, de ce fait, n'ont pas valeur de modèles – elles prêtent même souvent à caution –, et leurs défauts ne sont contrebalancés que par un inébranlable désir de servir la justice. Ainsi, par exemple, Elleanor Frutt, qui souffre du regard d'autrui sur son obésité, rejette un homme rencontré à l'occasion d'un rendez-vous en raison de son apparence physique, tandis qu'Eugene Young, avocat afro-américain, a tendance à considérer les criminels noirs avec les mêmes préjugés que le font les Blancs. Avocats et substituts du procureur, ou encore policiers, sont ainsi décrits comme des êtres humains pluridimensionnels, soumis aux pressions inhérentes à leur travail pour la justice, et non plus comme des héros infaillibles. De nombreuses séquences décrivent ainsi comment ces personnages en viennent à dévier de leur déontologie ou de leurs obligations professionnelles en commettant des entorses à la justice.

Dans plusieurs épisodes, ce sont du reste les juges qui se montrent responsables de ces actes délictueux, signalant par là même que tous les échelons de l'appareil judiciaire sont susceptibles d'être corrompus ; un épisode entier, par exemple, est consacré au cas d'un juge éminemment respecté, le juge Flemming, soupçonné de corruption et placé sous le coup d'une enquête du bureau du procureur fédéral. Impliqué malgré lui dans l'enquête par le bureau du procureur fédéral, Bobby Donnell doit inciter le juge à accepter un pot-de-vin dans le procès qu'il défend, ce qui permet de le confondre officiellement, mais contribue à accroître la désillusion de l'avocat et de ses partenaires sur la justice de leur pays (saison 6, épisode 14).

À d'autres reprises, ce sont les actions irrégulières de la police qui sont mises en avant dans la série. Lindsay Dole défend par exemple un immigré en situation irrégulière, arrêtée pour possession de drogue. Elle découvre bientôt que ce sont les officiers de police responsables de son arrestation qui ont placé la drogue dans ses poches afin de le forcer à témoigner dans le procès pour meurtre de son frère (saison 5, épisode 19). Très souvent, les avocats de la série parviennent à démontrer que les droits fondamentaux de leurs clients ont été bafoués au cours de l'enquête, de leur arrestation, ou des étapes suivantes du processus judiciaire. À quelques reprises, ils font ainsi invalider des éléments compromettant leurs clients pourtant coupables, car ils n'ont pas été obtenus selon les règles légales de procédure. Le deuxième épisode de la série répond à ce cas de figure : Elleanor et Lindsay y représentent un client, arrêté pour excès de vitesse, mais poursuivi pour conduite sous l'influence de substances illégales et possession de drogues destinées à être vendues. Alerté par une odeur de marijuana, le policier a fouillé le coffre du véhicule, dans lequel il a trouvé de la cocaïne. Au procès, les deux avocates démontrent que si la fouille de la voiture était parfaitement légitime et conforme à la Constitution, celle du coffre en revanche ne l'était pas, permettant ainsi à leur client d'être blanchi. Il arrive aussi régulièrement que ces erreurs juridiques bénéficient à des suspects dangereux, leur relaxe entraînant des réactions contradictoires chez leurs avocats, partagés entre la satisfaction de voir leurs clients acquittés et la conscience aiguë d'avoir participé à la libération de criminels pour vice de forme, sans qu'ils aient été jugés coupables ou innocents. L'épisode « Un témoin non équivoque » (saison 6, épisode 11), centré dans son ensemble sur la thématique de la corruption à l'intérieur du système judiciaire, est particulièrement représentatif de cet ensemble de critiques adressées au système, en soulignant, dans les détails, toutes les raisons pour lesquelles le respect des procédures est essentiel.

Régulièrement, au fil des épisodes, les personnages de la série commettent eux-mêmes des infractions à la déontologie ou contournent délibérément la loi afin de défendre leurs intérêts personnels, ceux de leurs clients ou ceux de la justice en général. Ainsi, les substituts Helen Gamble et Richard Bay sont mus par une constante volonté de s'assurer de la condamnation des suspects poursuivis, et ce, quels que soient les moyens mis en œuvre. Helen, par exemple, ne rechigne pas à utiliser la ruse pour obtenir les aveux d'un suspect représenté par Jimmy et Eugene. Tandis qu'Helen estime sa démarche légale et nécessaire pour empêcher un criminel de repartir libre, Jimmy et Eugene, qui ne sont pas de cet avis, demandent à un juge fédéral de déclarer ses aveux irrecevables (saison 5, épisode 18). Dans un autre épisode, qui fait suite à l'exécution de Richard Bay par le complice de Jackie Cahill, un meurtrier reconnu coupable et condamné à perpétuité, Helen signe un accord avec l'accusé : celui-ci lui fournit le nom de son complice, en échange d'une possibilité de liberté conditionnelle dans vingt ans. Une fois le complice abattu par la police grâce à l'intervention d'Helen, celle-ci revient sur leur accord, affirmant, en toute mauvaise foi, que Cahill n'a pas rempli sa part du contrat. Traînée en justice par l'avocat de Cahill pour rupture de contrat, Helen se justifie en invoquant le fait que la loi est destinée en priorité à protéger les innocents :

> Cet homme a fait assassiner un procureur. Il a menacé depuis de faire de même avec moi. Je trouve incroyable qu'un homme qui a violé nos lois avec une telle brutalité, un homme qui a assassiné et commis des actes d'une véritable perversité, cherche aujourd'hui la protection de la justice et mette en avant des arguments d'impartialité et de respect des procédures. (Saison 5, épisode 22)

Les avocats du cabinet Donnell ne font pas exception, tous ayant contourné la loi à un moment ou à un autre. C'est par exemple le cas de Bobby dans l'affaire Pierce Stanton, suspect arrêté par la police pour avoir brûlé un feu rouge. Saisie d'une intuition, l'agent de police chargée de l'interpellation lui demande d'ouvrir le coffre de son véhicule, dans lequel elle découvre le cadavre de son épouse. L'accusé avoue le meurtre à Bobby, son avocat, qui fait valoir devant la Cour le caractère inconstitutionnel de la fouille, alors même qu'Helen Gamble, consciente de l'erreur de l'agent, avait pris des mesures illégales pour tenter de la dissimuler ; préparant l'audition de la jeune novice, elle lui avait en effet « suggéré » une explication susceptible de légitimer la perquisition du coffre. Ici, le substitut du procureur enfreint sciemment la déontologie, de manière à éviter la relaxe probable d'un criminel. Sa manipulation est toutefois découverte, et le suspect libéré : « Félicitations, M. Stanton ! Pour l'heure, le meurtre que vous avez commis reste impuni. », lui lance la juge, amère (saison 4, épisode 2). La justice est toutefois rétablie à la fin de l'épisode, à la faveur d'un autre manquement à la déontologie, commis cette fois par Bobby Donnell. Insatisfait du verdict, l'avocat suit son client jusqu'au domicile de l'officier de police, découvrant que tous deux étaient en réalité de mèche. Bobby choisit de laisser un message téléphonique sur le répondeur de Lindsay, en se doutant qu'il serait écouté par sa colocataire Helen Gamble ; celle-ci fait alors procéder à l'arrestation de Stanton et de l'agent de police.

Au cours d'un épisode de la première saison, c'est au travers du principe du *plea-bargaining*[1] que Bobby outrepasse ses devoirs d'avocat, lorsqu'il persuade l'un de ses clients, coupable et récidiviste patent, d'accepter la peine proposée par le procureur, probablement supérieure à celle qu'il obtiendrait à l'issue d'un procès – ne prenant pas la peine d'informer son client de ce « détail ». En échange, Donnell obtiendra du procureur qu'un autre de ses clients, pour sa part innocent, obtienne un non-lieu qu'il n'aurait aucune chance de recevoir autrement, faute de preuves. De même, lorsque Elleanor est appelée par l'un de ses amis sénateurs, chez qui repose le corps dénudé d'un homme tué par balle, elle lui conseille de prendre une douche avant l'arrivée de la police pour laver le sang dont il est recouvert (saison 6, épisode 1). Tout au long de l'enquête, l'avocate – qui représente également l'épouse et la fille du sénateur, présentes sur les lieux au moment du meurtre – refuse à la police et au procureur le contact avec ses clients. Elle se rend ainsi coupable de subornation de témoins et d'entrave à la justice.

1. Arrangements ou tractations entre le procureur et les avocats de la défense, autorisés par la loi américaine, et consistant en un système de compromis sur la peine demandée, chaque partie y trouvant un intérêt. Si les deux camps parviennent à un accord, celui-ci tient lieu de jugement.

Le personnage d'Alan Shore, arrivé dans la série au début de la saison 8 après avoir été licencié de son ancien cabinet pour détournement de fonds, est le parfait exemple d'un certain type d'avocat, n'hésitant jamais à employer des tactiques contraires à la déontologie, voire même illégales (voir notamment saison 8, épisodes 7, 8 et 10), ce qui conduit à son licenciement (saison 8, épisode 16). Son sens très personnel de l'éthique a en effet raison de la patience d'Eugene.

À plusieurs reprises, l'un des membres du cabinet se voit rappeler en deux mots – « Plan B » – à quoi tient la mauvaise réputation du cabinet. Cette stratégie légale consiste à semer le doute au sein du jury quant à la culpabilité d'un client, en accusant une tierce personne du crime pour lequel il est jugé. Le cabinet a recours à cette stratégie « choc » et controversée dans plusieurs épisodes[1], lorsque tout espoir de sauver un client semble perdu : si cette méthode est généralement efficace, conduisant le jury à prononcer la relaxe pour doute raisonnable, elle n'est pas sans susciter de véritables cas de conscience chez les avocats qui l'emploient au fil des épisodes. C'est particulièrement vrai

1. Voir notamment l'épisode 26 de la saison 2 ou l'épisode 6 de la saison 3.

lorsqu'ils en viennent à cibler, en dernier recours, un tiers probablement innocent, au risque d'entacher la réputation de ce dernier, voire d'encourir des poursuites pour diffamation.

The Practice met ainsi en scène une équipe d'avocats idéalistes, qui ont tous choisi leur métier parce qu'ils avaient en tête un idéal de justice auquel ils ont décidé de consacrer leur vie. Mais leur idéal de jeunesse, nous enseigne la série, a été terni par la réalité de leur pratique, qui les a conduits, au fil des années, à devenir plus ou moins désabusés sur leur profession. Les avocats du cabinet vivent une lutte intérieure continue entre leur ambition et leur intégrité, qui leur impose souvent de faire des choix : faut-il sacrifier l'ambition ou l'intégrité ?, s'interrogent à de nombreuses reprises ces personnages. Tiraillés en permanence entre leurs principes et leurs devoirs professionnels, entre leurs convictions et leur conscience aiguë des imperfections du système judiciaire, les avocats de la défense présents dans la série vivent un conflit permanent entre leur idéal éthique de justice et leur devoir de loyauté à l'égard des clients qu'ils savent souvent coupables et dont les crimes les dégoûtent. En acceptant de le faire, ils se font pourtant les agents et les complices de ce système qu'ils dénoncent. Cette situation est à l'origine de nombreuses crises de doute de la part des membres du cabinet Donnell et associés, qui sont aussi l'occasion pour David E. Kelley, ancien avocat, de se livrer à une remise en cause du fonctionnement du système judiciaire américain. Ainsi, lorsqu'elle apprend que sa collègue Rebecca vient d'être reçue à l'examen du barreau, Elleanor lui tient ce discours désabusé, qui constitue une véritable critique du métier d'avocat de la défense, mais aussi une remise en cause personnelle par une professionnelle en proie au doute, notamment quant aux techniques auxquelles elle-même et ses confrères ont recours dans leur exercice quotidien :

> Félicitations, Rebecca, tu fais maintenant partie du club. Tu as conquis le privilège inouï de bafouer et manipuler le plus noble des systèmes judiciaires. Le privilège de faire des discours d'ouverture promettant des preuves inexistantes et des témoins fantômes. Tu pourras dire à tes clients de taire la vérité pour pouvoir les interroger plus tard à la barre et les laisser commettre un parjure sans risquer de te compromettre au passage. Tu pourras t'acharner sur des victimes de viol aux audiences préliminaires pour les dissuader de témoigner au procès. Et tu pourras acheter plein de petits cadeaux pour tous les greffiers afin qu'ils programment tes audiences le vendredi, quand les juges sont de bonne humeur et s'apprêtent à prendre la route pour leur week-end à Cape Cod. Mais surtout, tu auras la joie de faire libérer tous tes clients coupables, que tu ne reverras plus jamais, jusqu'à ce qu'ils tuent ou violent leur prochaine victime, ce qui te laisse en général deux ou trois semaines… Alors… Félicitations, Rebecca, tu es avocate. (Saison 3, épisode 1)

Cette tirade désabusée reflète le doute qui s'empare tour à tour de chacun des associés du cabinet, successivement envahis par un certain dégoût de leur métier, se résumant selon eux, dans les périodes d'incertitude, à faire libérer des criminels –, et ce, en dépit du credo énoncé par Bobby : « De temps en temps, on tombe sur un client innocent, et c'est pour ça que nous exerçons ce métier. » À l'issue d'un procès gagné, Lindsay Dole n'est pas d'humeur à la célébration, et exprime elle aussi ses incertitudes quant à sa profession : « Je ne sais pas ce qui est pire : le fait que nous venions de faire libérer un autre meurtrier ou le fait que cela ne nous dérange même plus vraiment » (saison 4, épisode 2). Ailleurs, pendant la saison 2, c'est au tour d'Eugene Young de s'interroger sur les conséquences de ses fonctions sur l'avenir de son fils adolescent, qui, arrêté pour avoir vendu de la drogue, n'exprime pas la moindre inquiétude quant à son futur, persuadé que les tactiques juridiques de son père lui assureront un non-lieu. Au cours d'un autre épisode, c'est une juge qui adopte cette position critique et désillusionnée à l'égard du système, lorsqu'elle annonce en privé à deux avocats opposés sur une affaire délicate :

> Nous allons boucler cette affaire, et alors, que vous ayez gagné ou perdu, vous pourrez rentrer chez vous, vous servir

un whisky et vous lamenter sur la perversité du système. (Saison 5, épisode 22)

Ces remises en question successives de la part des serviteurs de la justice sont le plus souvent issues d'une prise de conscience amère : la pratique de la justice, qui décide du destin, voire de la vie ou de la mort des accusés, n'est parfois rien d'autre qu'un jeu stratégique. La série insiste ainsi sur le caractère procédurier de la justice américaine, et la conséquence directe de ce fait : pour les avocats de la défense, bien souvent, le seul objectif envisagé est la victoire, et cela, quels que soient les moyens employés, que le suspect soit innocent ou non. Dans un épisode de la première saison, Eugene parie avec un substitut du procureur qu'il va gagner le procès qui les oppose. Il se lance alors dans une procédure de déstabilisation du témoin de l'accusation, sans même se soucier de l'innocence ou de la culpabilité de son client, qui en est le premier surpris (saison 1, épisode 5). Ailleurs, Elleanor et Lindsay enfreignent involontairement les règles de la déontologie en s'entretenant avec un juré – une faute qu'elles omettent de signaler au juge. Lorsque Bobby leur reproche d'avoir contrevenu aux règles de la profession, Elleanor lui rétorque qu'elles se sont contentées de suivre son exemple : « Gagner à tout prix » (saison 2, épisode 4). La justice est donc aussi, nous enseigne la série, une affaire d'ego, et le ministère public n'est pas, lui non plus, à l'abri de ces dérives. Plusieurs épisodes montrent les substituts du procureur Helen ou Richard requérir, contre toute logique et malgré l'absence de preuves, une peine très sévère pour un accusé, dans le seul but de gagner, de montrer l'exemple ou de faire payer quelqu'un plutôt que d'accepter un non-lieu. Alors qu'un de ses clients, coupable sans aucun doute d'un double homicide, tente de faire jouer tous les recours possibles pour réduire sa peine, Elleanor lui rappelle cela :

> Je ne crois pas que vous saisissiez vraiment ce procureur. Richard Bay, en plus d'être bon, est pathologiquement compétitif. Il voudrait que vous soyez emprisonné à vie même si vous étiez innocent. (Saison 5, épisode 21)

Parallèlement, la série met en scène de nombreux cas où les avocats décident de contourner la déontologie lorsque la lettre de la loi semble contraire à la morale. Il ne s'agit pas d'actes stratégiques ou opportunistes destinés à emporter la victoire dans une affaire, mais plutôt de fermes prises de position morales, qui, démontrant l'intégrité ou l'altruisme de leurs auteurs, constituent pour autant une prise de risque professionnelle majeure. On prendra pour exemple l'épisode 7 de la saison 6 dans lequel une compagnie d'assurances défend un homme responsable d'avoir renversé avec son véhicule un enfant noir pauvre, lequel souffre de séquelles permanentes consécutives à l'accident. Pendant le procès, l'équipe découvre qu'une IRM a été mal interprétée, révélant que l'enfant souffre d'un anévrisme qui peut lui coûter la vie à tout moment. Mais cette information ne peut être divulguée à la famille de l'enfant que si le client y consent ; or, celui-ci refuse, mettant la vie du garçon en danger. Jimmy, conscient de contourner ainsi une interdiction légale majeure, prévient tout de même la famille afin qu'il soit transporté à l'hôpital. Sa vie est sauvée, mais Eugene dénonce officiellement le manquement à la déontologie commis par Jimmy, qui, convoqué devant une commission de juges, risque la radiation du barreau. À l'audience, Jimmy affirme toutefois qu'il ne regrette pas son acte :

> JIMMY : Je sais que selon la loi, j'ai eu tort, mais humainement, je pense que j'ai eu raison.
> JUGE : Vous avez choisi de commettre sciemment une infraction à la loi parce que vous n'êtes pas d'accord avec la loi ?
> [...]
> JIMMY : Si c'était à refaire, je le referais. Je ne laisserais pas cet enfant mourir. Et vous ?
> JUGE : Je ne me poserais même pas la question. On ne consulte pas nos sentiments personnels au cas par cas. En tant qu'officiers de la Cour, nous respectons la loi, et selon la loi, la question ne se pose pas ici.

> JIMMY : Sauf votre respect, si c'est ce que vous ressentez…
> JUGE : Ce n'est pas notre rôle de ressentir !
> JIMMY : Mais c'est ce qu'on fait, que la loi l'autorise ou non ! Et si vous êtes aussi impassible, que vous soyez de bons juges ou pas, vous n'êtes pas ce que je considère des êtres humains ! Je refuse d'être jugé par vous trois. Ni par toi, Eugene. Si nous sommes une société de droit, si nous sommes une société qui impose de laisser mourir cet enfant, alors c'est elle qui doit changer.

Ce dilemme est donc source de conflit, déclenchant une série de débats houleux sur la dialectique déontologie/morale. Ainsi, Eugene reproche à Jimmy d'avoir choisi la voie la plus facile, alors même qu'ils ont juré de respecter la déontologie de leur profession :

> On te donnera sûrement une médaille pour ce que tu as fait. Mais ce n'est pas ce que l'on fait. Pas aux clients. En tant qu'avocats, nous leur devons notre confiance. Notre confiance. Tu n'es pas digne de confiance. Tu ne mets pas au premier plan ce qu'être avocat signifie. Tu nous déshonores tous, et tu nous as peut-être mis en faillite au passage.

Le lendemain, à la fin de son audience, Jimmy campe sur ses positions et prend la parole pour critiquer le système :

> Le système conflictuel a cessé de rechercher la vérité il y a bien longtemps. Les adversaires se mentent. On ment et on professe de fausses vérités tous les jours. Et on se demande pourquoi plus personne ne nous respecte ? Ce qui était au début une affaire d'impartialité et

> d'application régulière de la loi est devenu une affaire de victoire. Et il faudrait qu'on attende tranquillement tandis qu'un enfant innocent a une bombe à retardement dans le crâne ? Notre devoir de confidentialité nous impose de le laisser mourir ? Et vous vous attendez à ce que le public admire notre profession ?

Jimmy bénéficie de la clémence des juges, qui, sans être convaincus par ses arguments, estiment que la profession est mieux lotie avec Jimmy que sans lui : il n'écope donc que de trois semaines de suspension.

Dans l'ensemble de la série, les avocats oscillent ainsi entre désabusement et doutes, fondés sur une conscience aiguë des limites de leur métier et des failles d'un système judiciaire qu'ils rêvaient idéal, juste et impartial – un rêve auquel ils refusent toutefois de renoncer, préférant se battre pour son avènement.

2

L'AMBIVALENCE DES NOTIONS DE CULPABILITÉ ET D'INNOCENCE : UNE JUSTICE IMPRÉVISIBLE

Peu soucieuse de dépeindre fidèlement la réalité juridique, nombre de séries policières ou judiciaires classiques décrivaient jusqu'à la fin des années 1980 un univers moral dans lequel le crime ne payait pas. Avec les néoséries, cependant, l'optimisme n'est plus de mise et il arrive bien souvent que la justice ne soit pas rendue, que des coupables soient acquittés ou qu'ils disparaissent sans avoir été jugés. Dans *The Practice*, comme dans la vie, le crime paie souvent. À l'inverse, il arrive souvent que des innocents soient condamnés, tandis que la frontière entre les notions de bien et de mal se montre de plus en plus flottante.

Des coupables innocentés...

Si les coupables sont souvent condamnés pour leurs actes, ils peuvent aussi être acquittés. Joey Heric, un assassin récidiviste responsable du meurtre de deux de ses amants, se voit innocenté par un jury après avoir pourtant avoué ses actes à Bobby, son avocat (saison 2, épisode 22). Ce personnage, qui fait sa première apparition dans la série au cours de la saison 2, revient ponctuellement lors des saisons suivantes, jugé et sans cesse innocenté pour de nouveaux crimes, alors même que ses avocats ont connaissance de sa culpabilité. Ces derniers, spécialistes de la défense par le « doute raisonnable », obtiennent ainsi régulièrement l'acquittement de clients qu'ils savent coupables, parvenant à démontrer au jury qu'il est impossible de prouver leur culpabilité « au-delà du doute raisonnable ». C'est le cas notamment d'un client de Rebecca et de Jimmy, un jeune homme à la mine angélique accusé d'avoir étranglé sa femme (saison 5, épisode 22). Persuadés de son innocence, les deux avocats sont choqués de découvrir que celui-ci a au contraire un long passé d'étrangleur derrière lui : il s'est déjà attaqué à deux jeunes femmes durant son adolescence, puis à sa première épouse – un acte pour lequel il a été innocenté par un jury. Les deux premiers meurtres ayant eu lieu alors que l'accusé était mineur, le jury du procès ne peut en avoir connaissance : trompés par l'air inoffensif de l'accusé, les jurés le déclarent innocent, au grand désespoir de ses avocats, persuadés qu'il tuera de nouveau. L'accusé lui-même ne nie pas ce fait, mais refuse de se faire soigner, par peur d'être reconnu coupable de ses crimes. De semblables exemples sont nombreux dans la série. Ainsi, même si les avocats et procureurs exhortent sans cesse les membres des jurys à se laisser guider par la loi, et non par leurs instincts ou leurs sentiments, l'issue des procès demeure toujours incertaine.

Dans d'autres épisodes, des criminels échangent des informations contre leur acquittement, ou des coupables influents sont innocentés grâce à la pression de leur milieu ou au talent de leurs avocats. Parfois encore, des suspects parviennent à manipuler le système pour obtenir un acquittement. Cette possibilité est évoquée dans l'épisode « Témoin surprise » (saison 4, épisode 14), dans lequel Darryl Hutchins, un adolescent atteint d'un retard mental conséquent, est poursuivi pour le meurtre d'un jeune garçon de son quartier. Alors que celui-ci se déclare innocent et refuse d'admettre sa différence, son avocate, Elleanor Frutt, insiste pour plaider non coupable pour cause d'aliénation. Dans son cas, invoquer l'irresponsabilité juridique pour aliénation mentale paraît être une stratégie légale non seulement indiquée, mais légitime : convaincue de l'innocence de son client, l'avocate cherche à prévenir un verdict trop sévère dans l'éventualité où le jury jugerait celui-ci coupable. Le déroulement du procès achève de convaincre l'avocate, le public et le jury de l'innocence de l'adolescent, qui est jugé non coupable. Rien ne permet cependant au public de connaître la vérité de manière certaine : il n'a pas assisté au meurtre et doit se contenter de ce que le suspect et les témoins en ont révélé ; il ignore donc si l'adolescent est véritablement innocent, même si tout l'incite à le croire. Pourtant, une remarque faite par le jeune homme à son avocate à l'issue du procès, révélant certaines manipulations de sa part, laisse penser qu'il pourrait bien être coupable, ou tout du moins, qu'il est parvenu à faire valoir son innocence grâce à la ruse. Le cas de Darryl Hutchins illustre les craintes de ceux qui estiment que la possibilité de plaider non coupable pour cause d'aliénation mentale peut être l'occasion, pour un criminel, de manipuler le système judiciaire afin d'échapper à la responsabilité d'un crime. Le mystère non résolu de la culpabilité de Darryl permet de susciter le trouble et l'interrogation : la justice a été rendue, mais si elle s'était trompée ?

À d'autres occasions, c'est le respect strict de la loi elle-même qui conduit la justice à libérer des suspects manifestement coupables. C'est par exemple le cas de Michael Kingston, jugé pour meurtre à la suite de la découverte fortuite par la police, dans une penderie de son appartement, du corps poignardé d'une nonne. À l'audience préliminaire, Lindsay Dole, qui défend l'accusé, découvre que la fouille de la penderie a eu lieu en l'absence de tout mandat de perquisition : elle est donc inconstitutionnelle, ce qui incite l'avocate à demander la suppression des pièces du dossier de l'accusation. Helen Gamble, pour contrer cette demande, rappelle que si la Constitution interdit les fouilles indues, elle n'impose pas de renoncer à des preuves obtenues illégalement par la police, même si la Cour suprême a déjà exclu cette possibilité. Tentée de contrer l'autorité de la Cour suprême, la juge Hiller décide toutefois de suivre la loi à la lettre, ce qu'elle explique ainsi :

> Même si j'aimerais être rebelle, il se trouve que notre système pénal courrait à sa perte si les juges eux-mêmes commençaient à pratiquer l'anarchie judiciaire. La perquisition de la penderie était illégale. Son contenu est irrecevable. Sans ce contenu, je ne vois aucune raison suffisante de détenir le suspect. Il est donc libre. (Saison 3, épisode 19)

Ici, la loi elle-même impose la libération de l'accusé, et conduit donc à la relaxe d'un coupable

– autrement dit, à un jugement injuste, ce que la juge admet volontiers. Dans tous ces cas, la série met en scène un système qui manque de moyens pour s'assurer que les coupables soient condamnés. Cette situation est source de frustration pour les membres du ministère public, à l'image de la saison 4, par exemple, où le substitut du procureur Richard Bay subit une série d'échecs devant la Cour en ne parvenant pas, à plusieurs reprises, à faire condamner des suspects pourtant coupables. Sa carrière est elle-même menacée par cette situation, apprend-on, lorsque sa supérieure lui annonce que les affaires qu'il a défendues font l'objet d'une évaluation, et que la présence de celle-ci à ses côtés lui sera imposée pendant un temps pour superviser son travail.

... ET DES INNOCENTS CONDAMNÉS

À l'inverse, il arrive aussi fréquemment, dans *The Practice* comme dans la vie, que des innocents soient condamnés. Certains ont été condamnés à mort à tort ; ces cas font l'objet de différents épisodes de la série, dans lesquels les avocats de la série interviennent en dernier recours pour tenter de corriger les erreurs de la justice. À d'autres occasions, assez nombreuses, le téléspectateur assiste à la condamnation de suspects innocents, dont il a suivi la défense et le procès au cours d'un ou de plusieurs épisodes. Les avocats du cabinet Donnell ne gagnent pas tous leurs procès, mais ceux qu'ils perdent alors que leurs clients auraient dû être reconnus innocents prennent une résonance toute particulière, et permettent d'insister sur le caractère incertain et parfois aléatoire de la justice. Nous prendrons pour exemple de ce cas de figure un épisode de la saison 7 dans lequel une femme est accusée d'avoir très violemment assassiné son mari à coup de batte de base-ball. Elle clame son innocence tout au long de son procès, mais certaines preuves semblent indiquer sa culpabilité : son procès se présente mal, et son innocence ne peut pas être formellement établie. Le public ne sait pas lui-même si la suspecte est coupable, et, comme le plus souvent, l'épisode est construit de manière à laisser le doute possible, tout en suscitant la sympathie du public pour la suspecte. Au cours de son plaidoyer final, son avocat, Eugene Young, tente de faire pencher le jury en le rappelant à ses responsabilités et en utilisant toute la démagogie et le pouvoir de persuasion de son fameux argumentaire des « États-Unis d'Amérique » :

> Je ne sais pas si vous êtes comme moi, mais j'en ai ras-le-bol de me lever le matin et de lire dans le journal qu'une

> fois de plus, un innocent enfermé dans le couloir de la mort a été exonéré par une analyse ADN. Comment est-il possible que tant de gens se retrouvent dans l'antichambre de la mort pour des crimes qu'ils n'ont pas commis ? J'imagine que ça doit être les jurys qui n'ont pas bien fait leur travail. Je suis sûr que tous ces suspects ont l'air coupable. S'ils n'avaient pas l'air coupable, ils ne feraient pas l'objet d'un procès. Tous ceux qui sont arrêtés ont l'air coupable. La police en est certaine, mais il revient au jury de s'assurer que cela soit prouvé au-delà de tout doute raisonnable, parce que nous sommes aux États-Unis d'Amérique. Et aux États-Unis d'Amérique, on n'enferme pas les gens, tout particulièrement pour meurtre, si le Gouvernement ne parvient pas à répondre à cette exigence. Et si l'on dit « vous n'avez pas besoin de le prouver au-delà de tout doute raisonnable », alors les innocents, vous et moi compris, pourraient .se faire enfermer. Et cela n'est pas acceptable aux États-Unis d'Amérique, si ? […] Maintenant, vous pouvez penser que ma cliente est coupable. C'est raisonnable. Mais le fait est que vous ne pouvez pas le savoir, vous ne pouvez pas en être convaincus au-delà de tout doute raisonnable. Puisque ce haut standard de preuve ne peut pas être atteint, Mlle Ray doit être présumée innocente. Parce que après tout, nous sommes aux États-Unis d'Amérique. (Saison 7, épisode 8)

Le plaidoyer de l'avocat repose donc sur la loi américaine, qui impose au jury de relaxer un suspect dont la culpabilité ne peut être établie « au-delà de tout doute raisonnable » : en l'absence de preuves permettant d'éliminer tout doute quant à la culpabilité de la suspecte, celle-ci ne devrait pas être condamnée. Les jurés, dans ce cas, ne se laissent cependant pas convaincre par ces arguments, et déclarent l'accusée coupable de meurtre. Ses avocats, Eugene et Elleanor, lui promettent de faire appel et de lui rendre visite le lendemain. Peu après, ils découvrent l'identité de la véritable coupable, la nourrice employée par l'accusée, qui a agi par vengeance en espérant que celle-ci soit suspectée et condamnée à sa place, une tactique qui a fonctionné à merveille. Face à cette nouvelle information, Elleanor fait ce commentaire véritablement désabusé à son collègue : « On n'arrivera jamais à la faire sortir, tu sais. Les preuves, une condamnation... On n'arrivera jamais à la faire sortir. » Cet épisode où la justice n'a pas su discerner l'innocence d'un suspect n'est qu'un exemple parmi d'autres dans cette série, qui n'a de cesse de mettre en avant les failles du système judiciaire américain. Dans un épisode où un client de Bobby poursuit le ministère public après avoir été condamné à tort à quinze ans de prison et avoir purgé entièrement sa peine, Bobby rappelle que le ministère de la Justice ne tient pas de statistiques publiées sur le nombre d'innocents injustement condamnés. L'absurdité du système est mise en avant ici : la commission de libération conditionnelle refuse d'accorder toute remise de peine tant que le prisonnier n'admet pas sa responsabilité, ce qui pénalise d'emblée les innocents, comme le client de Bobby, même en présence d'un test ADN prouvant son innocence. Rien n'est jamais fait par le système, déplore Bobby Donnell dans cet épisode, soulevant par là même un problème de fond, pour comprendre pourquoi tant d'innocents sont condamnés chaque année, ni pour tenter de résoudre cette situation.

Privés de dénouement immédiat, voire de toute résolution parfois, de nombreux épisodes reflètent la réalité sociale du crime : le bien et la justice ne triomphent pas systématiquement. Il faut toutefois rappeler ici que cette représentation de la justice est loin d'être la norme dans la fiction contemporaine. Après le traumatisme national lié aux événements du 11 septembre 2001, les *networks* américains ont favorisé la mise à l'antenne de séries plus rassurantes et consensuelles, mettant en avant la certitude de la justice et une foi importante dans les institutions, à l'instar des *Experts (CSI)*, dans laquelle le crime ne paie pas, et aucun crime ne saurait demeurer impuni. Dans *The Practice*, au contraire, la justice est mise en scène comme une succession de tâtonnements et de décisions humaines qui ne peuvent jamais garantir à ses acteurs la validité ou la justesse de leurs décisions ; l'erreur persiste toujours malgré la bonne volonté des défenseurs du système judiciaire. La justice n'est que le produit d'êtres humains faillibles ; elle est le fruit de délibérations et de débats, aussi bien devant la Cour qu'entre les membres du bureau du procureur, dont les avis s'opposent souvent. Une fiction comme *Les Experts* assure ainsi une fonction de réconfort, en opposant à l'incertitude d'un monde dangereux et instable l'assurance d'une justice servie par des hommes et des femmes de bonne volonté. *The Practice*, à l'opposé, traduit un constat de faillite de la justice malgré la bonne volonté dont font preuve ses acteurs.

D'autre part, l'importante proportion d'épisodes mettant en scène la libération de coupables ou la condamnation d'innocents permet le développement d'une critique filée du système judiciaire américaine, suggérant le caractère arbitraire de la loi et des décisions de justice. Cet arbitraire se trouve encore renforcé par une combinaison de facteurs supplémentaires qui peuvent à eux seuls suffire à faire la différence entre deux verdicts opposés : c'est le cas notamment de l'appartenance ethnique des suspects, mais aussi de la chance ou du hasard, par exemple. Ainsi, comme l'illustre régulièrement la série, si un suspect est acquitté, c'est bien souvent grâce au talent de son avocat et non pas parce qu'il est innocent. Dans une justice de procédure, la qualité d'un avocat garantit fréquemment l'issue d'un procès, ce qui tend aussi à souligner le caractère inique d'un système à deux vitesses marqué par une discrimination fondée sur la richesse. En effet, un client fortuné aura les moyens financiers de s'offrir la collaboration d'un grand cabinet d'avocats, lequel pourra affecter de nombreux collaborateurs zélés et bien formés à une affaire et trouver ainsi le précédent juridique qui innocentera son client. Un client moins fortuné, au contraire, devra se contenter d'un cabinet de moindre envergure, voire d'un avocat commis d'office, sous-payé, surchargé de travail et ne disposant souvent ni du temps ni de la motivation nécessaires pour s'occuper pleinement de chaque affaire. C'est le plus souvent le cas des clients issus de minorités ethniques, qui sont ainsi condamnés à une défense au rabais, ce que *The Practice* met en avant de manière très régulière. Les épisodes de la saison 4 (épisodes 18 à 20) consacrés à la défense d'un condamné à mort dont l'exécution est imminente illustrent ce cas de figure : à cause de négligences de la part d'un avocat commis d'office et peu zélé, douze ans plus tôt, l'accusé, afro-américain et innocent, n'a pas bénéficié d'un procès équitable. Dans un autre épisode consacré à la défense d'un suspect noir condamné à mort malgré une absence évidente de preuves et de mobile, Eugene souligne qu'un homme noir qui tue un Blanc a « 12 fois plus de risques de finir dans les couloirs de la mort qu'un Blanc qui tue un Noir ». (Saison 2, épisode 10). L'arbitraire de la justice, dans ce dernier cas, est surligné par le fait que la condamnation du suspect repose sur le seul témoignage d'un autre prisonnier, qui a obtenu une réduction de peine en contrepartie.

Un autre épisode souligne à quel point les inégalités sociales se reflètent dans l'exercice de la justice elle-même. Il est ici question du cas de Ronald Vega, un jeune ouvrier arrêté et poursuivi après avoir avoué avoir causé un accident de la route mortel. Son avocate, Rebecca Washington, découvre très vite qu'il n'était pas en réalité au volant de la voiture, conduite par un riche promoteur immobilier ivre au moment de l'accident, qui lui a proposé 30 000 $ pour se dénoncer à la police, plus 10 000 $ pour chaque mois qu'il aurait à passer en prison. Pressé par son avocate, Vega accepte de dénoncer le meurtrier au cours du procès, mais quand il revient sur ses accusations, elle le soupçonne d'avoir été menacé. Lorsqu'elle le supplie de réaliser qu'une condamnation pour meurtre détruirait sa vie, Vega lui présente sa situation de la manière suivante, qui révèle qu'il a subi de nouvelles pressions de la part de l'agent immobilier :

> Ma vie sera gâchée ? Que savez-vous de ma vie, mademoiselle Washington ? Mes parents sont morts quand j'avais neuf ans. Je n'ai jamais fini le lycée. Je gagne environ 11 000 $ par an, les bonnes années. Aller en prison est peut-être la meilleure solution de m'empêcher de devenir un criminel. (Saison 4, épisode 3)

Cet épisode illustre ainsi la théorie du conflit, selon laquelle les riches et les puissants manipulent le système judiciaire et achètent leur liberté avec d'autant plus de facilités que des individus comme Ronald Vega sont prêts à assumer la faute à leur place, en échange de compensations financières. Dénoncer l'existence aux États-Unis de deux systèmes judiciaires parallèles, l'un réservé aux suspects qui ont de l'argent et l'autre aux plus pauvres, constitue l'un des discours critiques les plus récurrents dans *The Practice*.

Ailleurs, le caractère arbitraire de la justice est mis en lumière dans une scène entre Lindsay et Elleanor. Incapables de décider si elles doivent accepter au nom de leur client une offre de négociation de peine du ministère public ou poursuivre l'affaire devant la Cour, celles-ci trouvent un moyen quelque peu contraire à la déontologie pour prendre leur décision :

> ELLEANOR : Face, on accepte la proposition, pile, on tente le coup au procès.
> *(Elle lance une pièce).* Pile. On tente le coup.
> LINDSAY : C'est pour ça qu'on nous paye. Pour prendre ce genre de décisions.

La série développe ainsi une critique assumée du système judiciaire américain – un système dans lequel des détails permettent de libérer des coupables (ce dont les avocats du cabinet Donnell, les premiers, profitent et dont ils jouent) mais qui, dans sa recherche de responsables et de coupables, procède aussi à la condamnation d'innocents. Démontant les ressorts de ce système, la série montre, à l'instar de l'épisode « Conscience professionnelle » (saison 3, épisode 1), que les motifs qui président à la condamnation d'un suspect ne sont pas toujours les plus rationnels. L'affaire évoquée dans cet épisode est un procès pour meurtre. Deux jeunes hommes sont poursuivis simultanément pour le meurtre d'une adolescente, sans que la culpabilité de l'un d'entre eux ne puisse être établie avec certitude, chacun accusant l'autre. Le cabinet du procureur, conscient de la fragilité de l'accusation, craint que le jury ne rechigne, faute de preuves, à condamner l'un ou l'autre. Afin d'obtenir tout de même une condamnation et ne pas laisser un meurtre impuni, fût-ce au prix de la condamnation d'un innocent, le procureur cible au hasard l'un d'entre eux, Kevin Peete, client du cabinet Donnell et représenté par Eugene. Présenté comme innocent, celui-ci se voit finalement condamner malgré tout par le jury. Effondré, Eugene reçoit, à l'issue du procès, la visite d'un membre du jury qui lui explique la genèse du verdict :

> EUGENE : Puis-je vous demander… pourquoi ?
> JURÉ : On ignorait qui était coupable. Les deux, peut-être.
> EUGENE : Pourquoi condamner Kevin Peete ?
> JURÉ : Dans votre plaidoirie, vous avez parlé de la tactique de l'accusation, vous avez dit un tas de trucs. Mais vous n'avez jamais dit que votre client était innocent. On y a repensé en délibérant. Soudain, c'est devenu évident.
> EUGENE : Vous avez condamné un homme pour cette unique raison ? Parce que dans ma plaidoirie…
> JURÉ : Vous aviez raison sur un point. Quelqu'un doit payer.

Une frontière flottante et ambiguë entre le bien et le mal

Tandis que les séries classiques privilégiaient majoritairement une interprétation simple et univoque des crimes traités, favorisant la rectitude morale et la confiance du téléspectateur, les néoséries rejettent cette certitude en faveur d'une ambiguïté morale sans cesse réaffirmée. Les frontières entre le bien et le mal, de plus en plus flottantes, sont constamment remises en question au gré des situations. La grande nouveauté apportée par les néoséries comme *The Practice* est d'affirmer qu'il n'existe pas de situations mauvaises absolument, la notion de « mal » n'assumant plus ici de caractère absolu ou universel. La relativité est au contraire rappelée sans relâche. La loi elle-même peut s'avérer insuffisante, et le travail des hommes et des femmes censés la faire appliquer s'en trouve complexifié. Comment, par exemple, juger une situation et des individus dont les ressorts complexes ne sont pas, *a priori*, moralement condamnables ? La dialectique entre la loi et la morale, dont les conclusions diffèrent souvent, s'avère être un enjeu majeur dans cette série.

Ainsi, dans *The Practice*, la frontière entre le bien et le mal est mise en débat : la question de la lisière entre le meurtre et la légitime défense est par exemple envisagée dans deux épisodes différents, dans lesquels deux jeunes femmes sont jugées pour avoir tué les hommes qui tentaient de les violer (saison 2, épisode 1 et saison 4, épisode 7). La légitimité de l'euthanasie est aussi discutée à d'autres occasions (notamment saison 2, épisode 3), en présentant cet acte selon deux angles opposés, soutenus par les différentes parties en jeu : s'agit-il d'une aide au suicide, comme le présentent les suspects qui affirment avoir suivi la demande de leurs victimes, ou plutôt de meurtres ? Dans l'un d'eux (saison 4, épisode 18), le débat sur le suicide assisté est prolongé autour du cas d'un mari qui aide sa femme, atteinte d'un cancer ovarien en stade terminal, à mourir, à la demande de celle-ci. Tandis que le suspect et son avocat présentent cet acte comme une « mort miséricordieuse » ou un « acte de compassion », la substitut du procureur s'obstine à poursuivre le suspect pour meurtre avec préméditation, refusant toute négociation. Au-delà du fait que l'acte en lui-même pose problème à Helen Gamble, celle-ci explique son obstination en évoquant la méthode employée par le suspect, qu'elle assimile à une exécution : l'époux a en effet tué sa femme d'une balle dans la tête. Cet argument raisonnable est susceptible de provoquer le doute chez le téléspectateur : au début de l'épisode, le public est amené à s'identifier au suspect et à ressentir de la compassion pour le dilemme terrible auquel il a été confronté avant d'agir. L'obstination d'Helen apparaît tout d'abord déplacée et cruelle envers le suspect. Lorsqu'elle finit par s'en expliquer, une autre version des faits apparaît : la victime serait morte naturellement dans les heures suivantes si son mari n'était pas intervenu. Cet épisode permet ainsi de mettre la question du suicide assisté en perspective, illustrant son ambivalence juridique et morale à travers le recours à un exemple très concret.

Dans quatre épisodes consécutifs de la première saison de *The Practice*, la recevabilité de la vengeance est aussi envisagée à travers le personnage de Gerald Braun, qui tue le meurtrier de sa fille lorsque ce dernier est relâché par la justice, un personnage auquel certains avocats du cabinet Donnell offrent leur sympathie. La même question se pose à plusieurs reprises dans la série, au travers de cas où des individus se font eux-mêmes justice lorsque la loi n'a pas réparé avec efficacité les torts qu'ils ont subis.

Lorsque la situation plus que les individus impliqués pose un dilemme moral, et que ce dilemme doit trouver une réponse juridique précise, celle-ci est généralement désignée comme insatisfaisante, inapte à répondre à la complexité de la situation. L'originalité de *The Practice* s'ancre dans le fait que les dilemmes moraux auxquels sont confrontés les professionnels de la justice ne trouvent souvent pas de réponse définitive à la clôture de l'épisode. Les diverses facettes du problème sont envisagées de manière également valide par les parties opposées, chaque option étant présentée de manière acceptable pour certains, ou au contraire, intolérable pour d'autres : le téléspectateur, quant à lui, est invité à prendre position et à argumenter sur le sujet.

3

L'OMNIPRÉSENTE QUESTION ETHNIQUE : ÊTRE NOIR DEVANT LA JUSTICE

La question de l'appartenance ethnique – et des enjeux attenants au fait d'être noir dans la société américaine contemporaine – est un motif récurrent dans *The Practice*. Non contente de dénoncer le racisme persistant dans cette société, la série s'interroge aussi sur ce qu'implique l'appartenance à une minorité ethnique lorsque l'on est confronté à la justice.

Le cabinet Donnell & Associés assure régulièrement la défense d'accusés noirs, ce qui donne lieu fréquemment à des tactiques de défense « ethniques ». L'avocat afro-américain Eugene Young est sans conteste le spécialiste de ce type de tactiques, rendues crédibles par sa propre ethnicité. Nous nous attarderons ici sur un épisode particulier, « Stratégies » (saison 2, épisode 8), qui illustre l'argument général de la série. Dans cet épisode, Eugene défend Aaron Wilton, un jeune homme noir accusé d'avoir violemment battu le vigile d'un magasin d'articles de sport pendant une émeute, puis de l'avoir projeté à travers une vitrine du magasin, l'acte ayant été filmé par la caméra de vidéosurveillance du magasin. Selon les médias, il est « l'Afro-Américain qui a déclenché la rixe ». C'est en voulant défendre un client noir injustement accusé de vol que l'accusé a déclenché l'émeute. La ligne de défense du cabinet consiste à prouver la moralité de son client – un père de famille exerçant un poste à très haute responsabilité dans une grande entreprise – devant un jury constitué uniquement de riches Blancs habitant une petite ville. Mais quand le garde de sécurité meurt à l'hôpital pendant le procès, la liberté surveillée de l'accusé est révoquée, et les charges de coups et blessures aggravés se transforment en homicide involontaire. On parle désormais du « vigile blanc assassiné par un homme noir ». Au tribunal, le premier témoin de l'accusation, un officier de police noir présent sur les lieux lors de l'esclandre, certifie avoir entendu l'accusé lui demander : « De quel côté tu es, mon frère, tu devrais être avec nous pour brûler cet endroit ! » En désespoir de cause et contre l'avis d'Eugene, qui prône la légitime défense, Bobby propose une ligne de défense jouant la carte raciale, alléguant que le jury a entendu une intention de commettre un crime, ce qui compromet l'argument de légitime défense : aux yeux du jury et de la presse, l'accusé est en effet devenu « le meurtrier noir en colère ». La technique de défense proposée par Bobby est celle de la déviance sociale : en tant qu'homme noir opprimé, l'accusé aurait une tendance pathologique à la violence et, selon la thèse du groupe de contagion, aurait agi « sous pilote automatique ». L'accusé et son épouse refusent tout d'abord cette tactique, avant de l'accepter. Bobby contacte alors Alvin Traub, expert en anthropologie urbaine, pour étayer cette thèse au procès, affirmant que la violence de groupe engendre une contamination, tout particulièrement dans la communauté afro-américaine, qui aggrave cette tendance pathologique innée à commettre des actes de violence. Il soutient par conséquent que les « mâles noirs » ne devraient pas être tenus pour responsables de leurs actions quand ils sont envahis par ce type de folie passagère, ceci ressemblant à des formes d'action de meute que l'on retrouve chez les animaux. La contagion de groupe proviendrait d'émotions de frustration partagées par les hommes noirs – sentiments habituellement rejetés pour s'intégrer à la société ; mais quand une occasion se présente leur permettant de relâcher ces frustrations, ils explosent. Le docteur assure, sur une question de Bobby, qu'il ne s'agit pas là de racisme, mais d'une étude scientifique.

L'avocate de l'accusation, une femme noire, s'avoue profondément choquée par de telles allégations. À son tour, Eugene se retourne contre la ligne de défense de son collègue, jugeant cette théorie « immonde ». Il confie aux jurés qu'ils ont cru avoir plus de chances de convaincre un jury de Blancs que l'accusé était un animal que de leur faire reconnaître qu'il avait une justification. L'accusé, venu en aide à une victime du racisme, est devenu lui-même un ennemi, mais ayant agi avec une justification morale et personnelle : « Il en a eu assez de voir des Afro-Américains injustement accusés. » Le jury rend son verdict et déclare Aaron Wilton non coupable d'homicide involontaire, non coupable de provocation d'émeute, non coupable de coups et blessures aggravés. Bobby déclare ensuite à la presse que la compréhension entre un avocat de la défense noir et un jury blanc est une avancée positive qui les mène au-delà de la seule question de la culpabilité ou de l'innocence de son client : « c'est un très grand progrès pour notre communauté et pour notre pays ». Cet épisode offre ainsi l'image d'une justice mesurée, les jurés ayant reconnu l'innocence d'un homme sans s'arrêter à la couleur de sa peau.

De nombreux épisodes s'interrogent toutefois sur la possibilité pour les suspects issus des minorités ethniques de bénéficier d'une justice équitable. L'ombre d'une justice déséquilibrée, tendant – à tort ou à raison – à incriminer les minorités ethniques, plane sur toute la série. En ce sens réaliste (elle reflète la tendance réelle de la justice américaine à arrêter de manière disproportionnée des individus issus de minorités) et critique à l'égard de cette réalité, *The Practice* souligne l'évidence d'une justice à deux vitesses, qui ne semble pas totalement indifférente à la couleur des suspects. Eugene assure ainsi fréquemment la défense de clients noirs arrêtés après avoir été formellement « reconnus » par des témoins blancs. Sous la pression de l'avocat, ces derniers en viennent pourtant souvent à admettre avoir identifié le suspect en fonction de sa couleur, et n'être pas absolument certains qu'il s'agisse bien de l'auteur du crime. Dans nombre d'épisodes, la couleur de l'accusé est désignée explicitement comme la cause principale de son arrestation. La série rappelle les préjugés fortement répandus aux États-Unis à l'encontre des Afro-Américains, la crainte qu'ils suscitent, ainsi que la discrimination et les fausses accusations auxquelles ils sont fréquemment confrontés. Lorsque, dans l'épisode « Stratégies », Eugene interroge le chef de la sécurité du magasin, il le conduit à avouer que l'homme noir soupçonné de vol que l'accusé a défendu n'avait en réalité rien volé. Il parvient aussi à lui faire admettre qu'il arrête environ deux suspects par jour, et qu'au cours du mois précédent, par exemple, il n'a arrêté aucun client blanc. L'avocat en conclut que 100 % des suspects de vol sont noirs, alors que les Blancs représentent 44 % de la clientèle habituelle du magasin.

La question du profilage racial est aussi explicitement évoquée et dénoncée dans d'autres épisodes, notamment dans « L'odeur du cigare » (saison 4, épisode 11), dans lequel l'avocate noire Rebecca Washington défend son ancien petit ami, un policier (lui-même afro-américain) poursuivi pour avoir tué un adolescent noir qu'il suspectait de préparer un braquage dans une supérette. Selon sa version des faits, la victime était un criminel qui aurait tué le propriétaire du magasin s'il n'était pas intervenu : celui-ci appartenait en effet à un gang. Mais le propriétaire de la supérette contredit formellement son témoignage affirmant que le suspect était armé. Helen Gamble l'accuse au cours du procès d'avoir procédé à un profilage racial, c'est-à-dire d'avoir suspecté la victime parce qu'elle était noire. Le témoignage d'une ancienne petite amie du policier confirme ses soupçons, affirmant qu'il avait coutume d'utiliser des termes péjoratifs et racistes pour désigner les suspects noirs. Cet épisode montre que le racisme n'est pas seulement interracial, il peut aussi émaner de personnes de la même ethnicité que ceux qu'elles méprisent : dans le cas de ce policier, son racisme est dirigé vers les jeunes hommes noirs issus des classes populaires et défavorisées, sur lesquels il pose un regard plein de préjugés, similaire à celui de certains Blancs. À l'issue de cet épisode, le policier meurtrier est déclaré non coupable par le jury[1] : la dimension critique de l'épisode est ainsi renforcée par le fait que le public et les avocats du suspect le savent coupable.

Dans un autre épisode (saison 4, épisode 8), Kendall – le fils adolescent d'Eugene Young – devient le principal suspect de la police lorsque le nouveau compagnon de sa mère est retrouvé mort. Eugene s'offusque du traitement agressif que Richard Bay, le substitut du procureur, fait subir à son fils, et l'accuse de s'attaquer à une cible facile plutôt que de rechercher le vrai coupable. La réponse de Bay est significative : il signale à l'avocat que si c'était le cas, il s'attaquerait plutôt à *lui*, qui en tant qu'homme noir et vigoureux, représente une vraie « cible facile », le stéréotype du suspect favori de la police.

1. Un verdict qui fait écho à celui de plusieurs cas réels récents, notamment celui d'Amadou Diallo (2000).

Le modèle de justice qui s'esquisse au fil de la série s'apparente à un système inégal où ne pas être blanc peut être un handicap, heureusement compensé par des avocats et des juges intègres, ayant à cœur de protéger les droits des minorités opprimées. Dans *The Practice*, c'est souvent Eugene, avocat noir, qui défend les clients afro-américains du cabinet. Celui-ci est reconnu comme un expert des problèmes ethniques dans la défense de ses clients de couleur, et gagne du reste presque toujours ses procès, son ultime argument pour influencer le jury étant celui d'invoquer les valeurs des « États-Unis d'Amérique », garants de la liberté et de l'égalité de ses citoyens. Dans l'épisode « Stratégies », son adversaire Sara Hart est elle-même noire, comme pour répondre implicitement et à l'avance aux possibles accusations de racisme qui pourraient survenir à l'encontre de son client, directeur de la sécurité qui suspecte ses clients noirs de vol. Intègre, elle s'avoue écœurée par la thèse de la déviance sociale et se positionne non en tant qu'avocate de la défense, mais en tant que « femme noire ». La question de l'identité ethnique, même au cours du procès, surpasse donc, pour elle, celle de la fonction sociale. L'intérêt de la série consiste à placer sans cesse les personnages dans des situations professionnelles qui les touchent personnellement en raison de leur appartenance ethnique ou de leur confession religieuse : ici, la plaidoirie de Bobby met de côté ses propres convictions et la fierté personnelle de son client, son unique objectif étant de lui éviter la prison, quelle que soit la stratégie employée. De son côté, Eugene se dit malade à l'idée de plaider une telle ligne de défense. Par l'intervention d'Eugene et les doutes de l'accusé lui-même, la fierté liée à l'appartenance ethnique des deux hommes est mise en avant – un élément que Bobby, homme blanc, manque de prendre en compte. Ainsi, après la plaidoirie d'Eugene, Bobby, furieux, lui rappelle que les intérêts de son client doivent passer avant sa propre fierté d'homme noir, et l'accusé les interrompt en affirmant ignorer s'il aurait supporté un acquittement avec ce genre de défense. De même, Rebecca Washington se fait porter pâle au cours du procès pour ne pas avoir à cautionner cette défense raciste.

Les dilemmes personnels de ces avocats ne font que refléter la problématique plus large des droits des minorités dans le système judiciaire américain. Nous n'avons évoqué ici que la minorité noire, mais les minorités asiatique, arabe ou latino-américaine font l'objet d'une réflexion similaire dans d'autres épisodes. La série s'attache en effet à interroger de manière répétée ce que signifie l'appartenance à une minorité ethnique, quelle qu'elle soit, dans la société américaine, et ce que cela implique lorsqu'un individu est confronté au système judiciaire, en tant que suspect ou en tant qu'acteur du système. La question de l'ethnicité s'affirme donc comme un leitmotiv dans la série *The Practice*, mettant en avant le fait que la société américaine est encore loin d'avoir renoncé à certains stéréotypes et préjugés racistes, qui continuent d'avoir une influence majeure sur la manière dont la justice elle-même est administrée.

4

DÉNONCER LES DÉRIVES D'UNE SOCIÉTÉ SÉCURITAIRE

Dépassant la seule critique sociale, les créateurs de néoséries investissent parfois leurs récits de discours engagés pour dénoncer des conditions, des situations ou des pratiques décrites comme injustes ou scandaleuses. *The Practice* s'attache ainsi à dénoncer régulièrement, à l'occasion d'épisodes complets ou au détour d'intrigues diverses, le caractère de plus en plus sécuritaire de la société américaine. Ce travers, qui s'est accéléré au lendemain des attentats du 11 septembre 2001, s'exprime notamment dans la revendication d'un certain nombre d'Américains de pouvoir posséder, sans restriction, des armes à feu. La série met en avant les limites et les risques qu'implique la libre détention d'armes à feu, et développe un discours engagé, favorable au contrôle des armes.

Un engagement contre les armes à feu

La possibilité pour les citoyens de se procurer une arme à feu représente un droit constitutionnel auquel de nombreux Américains demeurent très attachés. Garanti par le Deuxième amendement à la Constitution, le droit de posséder une arme n'a cependant pas que des partisans. Tous les projets destinés à restreindre significativement ce droit tendent à demeurer lettre morte, régulièrement déboutés par la toute-puissante *National Rifle Association*, le lobby des armuriers. Dans ce contexte, il est chose aisée aux États-Unis de se procurer une arme, puisque « défendre sa famille » est un droit constitutionnel. Les chiffres sont éloquents : à l'aube des années 2000, on dénombrait environ 200 millions d'armes à feu – dont 70 millions d'armes de poing – en circulation aux États-Unis, pour une population de 281 millions d'habitants. Près de 50 % des foyers possèdent une arme à feu, et 25 % une arme de poing[1]. Les très rares restrictions imposées aux citoyens américains en matière d'achat d'armes ont été introduites en 1993 par la loi Brady, puis en 1994 par le *Federal Assault Weapons Ban*, une loi interdisant la vente des armes semi-automatiques, qui a toutefois été remise en question en 2004. Depuis 1998, une loi impose une

1. K. Beckett, T. Sasson, *The Politics of Injustice: Crime and Punishment in America*, Thousand Oaks, Pine Forge Press, 2000, p. 32.

vérification instantanée auprès du FBI avant chaque vente d'arme à feu. Dans la pratique, ces mesures peuvent être aisément contournées, et seules 2 % des vérifications imposées se soldent par un refus de vente. Internet comme le marché noir fournissent un stock illimité d'armes à feu, souvent obtenues au cours de cambriolages, à ceux qui sont prêts à y mettre le prix et qui ne souhaitent pas se soumettre aux vérifications légales. Cette pratique est illustrée dans un épisode de la saison 4 de la série, au cours duquel Elleanor, menacée par un ancien client criminel, se procure, en quelques minutes et sans permis de port d'arme, une arme de poing au marché noir. Tiraillée entre la crainte pour sa propre vie et sa conscience, elle achète cependant l'arme. Le vendeur lui précise bien que cette arme, qu'elle vient d'acquérir pour 650 dollars depuis le coffre d'une voiture, en pleine rue, est illégale et qu'il n'existe pas de permis pour en autoriser le port. L'avocate fait part de ses sentiments ambivalents à sa collègue :

> ELLEANOR : Je ne sais pas si je dois être heureuse de posséder une arme ou choquée que l'on puisse en acheter dans la rue.
> LINDSAY : Et bien, dis-toi que cela fait une arme de moins qui tombera entre de mauvaises mains. (Saison 4, épisode 3)

Plus tard dans l'épisode, cette même arme est utilisée par Helen Gamble pour tirer sur l'homme menaçant Elleanor, qui s'était introduit à leur domicile.

Cet épisode illustre, *a posteriori*, une remarque de Lindsay à Helen : « Tout le monde tuerait. Il n'y a que les circonstances qui varient » (saison 3, épisode 3). Ici, les « circonstances » d'Helen sont celles de la légitime défense, mais elle a, à travers cet acte, rejoint le rang de ceux qui ont tué, comme le fait aussi Lindsay deux saisons plus tard, lorsqu'elle abat un ancien client, tueur en série, qui la harcèle (saison 6, épisode 21). Ainsi, les armes à feu placées entre des mains *a priori* innocentes sont tout aussi susceptibles d'être utilisées pour tuer ou régler de manière fatale des conflits qui auraient pu l'être autrement. Dans un épisode, par exemple, un jeune garçon furieux que sa mère lui interdise de sortir tant qu'il n'a pas fait ses devoirs, quitte la table du dîner familial, se saisit du fusil paternel et la tue (saison 2, épisode 28).

Au-delà de la responsabilité individuelle et de la culture américaine offrant une place de choix aux armes à feu, c'est aussi l'industrie des armes qui est ciblée de manière critique dans la série. Dans un épisode de la saison 3 (épisode 17), par exemple, Jimmy représente un couple qui poursuit un fabricant d'armes, qu'il juge indirectement responsable de la mort de sa fille adolescente. Jimmy dénonce les pratiques commerciales douteuses de la compagnie, alléguant qu'elle vise spécifiquement les criminels dans ses publicités, et avançant qu'elle contourne les lois régulant la vente d'armes en proposant des armes d'assaut en kit, vendues par correspondance, avec une mention spéciale soulignant que la crosse de l'arme ne retient pas les empreintes digitales.

À travers les nombreuses références consacrées à la question des armes à feu, *The Practice* met en avant un discours critique, ciblant une société complice qui tolère et encourage la possession d'armes létales par ses citoyens. La série illustre et dénonce le fait que, bien que prévues dans le cadre de la loi pour les citoyens honnêtes, les armes à feu sont utilisées quotidiennement pour commettre des crimes.

Alimenter le débat sur la justice privée

Reconnaissant le désir des citoyens d'assurer leur propre protection et celles de leurs proches, la série montre toutefois que les conséquences de cette revendication dépassent souvent, et de manière désastreuse, les intentions de leurs propriétaires. Le débat sur la légalité des armes à feu soulève ainsi la question des frontières de la légitime défense, une problématique éthique que la série aborde à de nombreuses reprises.

Cette question est notamment examinée dans une suite d'épisodes (saison 3, épisodes 2 à 5), dans lesquels Anderson Pearson, un éminent professeur de droit, appelle à l'aide son ancienne élève Lindsay lorsqu'il est arrêté pour meurtre. Harcelé depuis plusieurs semaines à son domicile par un intrus, Pearson finit par lui tirer dessus lorsque celui-ci se présente un soir à sa porte, tenant à la main le cadavre de son chat. Sur les conseils de son avocate, il plaide l'autodéfense au cours de son procès, arguant que la vue de son chat étranglé lui a fait prendre conscience que sa propre famille était en danger et qu'une crispation de sa main sur son arme a provoqué le tir. Sa ligne de défense est cependant mise à mal lorsque l'accusation parvient à prouver que le type d'arme utilisée n'aurait pas tiré plusieurs coups à la suite d'une simple crispation du doigt sur la gâchette. La série établit ici que la seule sensation de danger ne constitue pas, aux États-Unis, un motif suffisant pour tirer sur un homme non armé. Le personnage d'Anderson Pearson incarne donc ce que les Américains appellent un *vigilante*, terme emprunté à l'espagnol qui désigne des citoyens revendiquant le droit individuel de faire respecter la loi. Ces protecteurs autoproclamés de l'ordre public sont fréquemment mis en scène dans des épisodes qui dénoncent fermement leurs actes.

Souvent représentés sous la forme de victimes déçues par un verdict qu'elles jugent injuste ou par l'inefficacité supposée de la police à arrêter un criminel, les personnages de « vigilants » décident de se faire justice eux-mêmes, le plus souvent par le recours à la violence.

Ces figures de justiciers, qui cristallisent un désir populaire de justice ferme et efficace, soulèvent de nombreuses interrogations morales que la fiction explore. La prise en charge fictionnelle de ce problème est aussi l'occasion pour la série de déplorer la violence fondamentale de la société, qui incite à réagir à la violence par la violence, comme dans deux épisodes aux thématiques proches (saison 4, épisodes 7 et 22) : dans le premier, une jeune femme, Darlene Keating, tue son violeur quelque temps après son agression, et dans le second, Sally Berg assassine l'entraîneur de football qui a violé et tué sa petite fille de sept ans. La série suggère l'influence de la violence de la société, qui rend tolérable de tuer pour se venger, et invite le téléspectateur à s'interroger sur sa propre position face à cette violence rétributive. De manière intéressante, les deux affaires ne donnent pas lieu à un verdict identique et peuvent donc être mises en parallèle pour envisager les deux attitudes possibles face à ce type de crime. Darlene Keating est jugée non coupable, bien qu'elle ait reconnu son crime et admis l'avoir prémédité, ce qui souligne à quel point la vengeance peut être admissible socialement : lorsqu'ils ont lieu dans la réalité, de tels crimes attirent systématiquement la sympathie d'une partie de l'opinion. Sally Berg, en revanche, n'a pas été acquittée par le jury à l'issue de son procès : elle est reconnue coupable de meurtre au second degré, c'est-à-dire que le jury a suivi la loi à la lettre et n'a pas considéré ce crime comme excusable. Il n'a cependant pas retenu la préméditation et a accordé à l'accusée une peine inférieure à celle qu'elle encourait au départ.

Le « vigilantisme » est ainsi dépeint à travers le soutien populaire qu'il obtient parfois, mettant en avant une attitude de défiance citoyenne vis-à-vis des institutions, envisagées comme impropres à assurer l'ordre public. Seule l'intervention providentielle de citoyens au sens civique développé permettrait de garantir la justice et d'assurer aux victimes le châtiment de leurs agresseurs. Une telle conception de la justice, dénoncée par la série, considère que le criminel doit être châtié et non jugé en bonne et due forme. Avec le tournant du 11 septembre 2001, la série s'attache aussi à mettre en scène le climat de peur ambiante qui règne alors aux États-Unis, conduisant les individus à accepter de voir leurs libertés individuelles limitées afin de se sentir en sécurité et favorisant le développement de mesures plus répressives contre le crime. Ainsi, la série met en cause cette tendance sécuritaire et vengeresse, rappelant à maintes reprises que la justice privée ne peut en aucun cas se substituer à la justice de l'État, aussi faillible soit-elle.

Le malaise de la société américaine et les troubles de l'après-11 septembre

Réceptives aux évolutions du monde social, les néoséries tendent à refléter les changements mis en œuvre dans un contexte politique plus large. Fermement ancrée dans l'actualité sociale et politique de son époque, *The Practice* fait très couramment référence, au cours d'un dialogue entre deux personnages, à des affaires réelles, des personnalités politiques contemporaines, des développements sociaux et politiques, qui traduisent tous une véritable perméabilité de la fiction au monde extérieur. Le message adressé au public à travers ces allusions est parfaitement limpide : le monde de la fiction et celui de la réalité sociale ne font qu'un, puisque leur cadre de référence est identique. De cette manière, la série établit clairement que tout commentaire ou critique sur la société ou le fonctionnement du système judiciaire dans la fiction peut aussi être lu comme une observation sur l'état de la société américaine contemporaine. En cours de diffusion au moment des attaques terroristes du 11 septembre 2001, la série s'attache aussi rapidement, comme beaucoup de productions fictionnelles américaines de l'époque, à prendre acte de l'événement et des évolutions sociales qu'il a suscitées, traités en termes de malaise.

The Practice dresse ainsi un état des lieux critique et désabusé de l'Amérique contemporaine, ne manquant pas, tout d'abord, de souligner les limites des valeurs fondatrices de cette société et de mettre en avant les revers du Rêve américain et de ses valeurs. Le patriotisme est ainsi envisagé à travers ses excès, comme la bigoterie, le refus de la différence, des traditions et des croyances venues d'ailleurs. La série n'épargne pas plus la religion – un domaine traditionnellement inattaquable aux États-Unis. Ici cependant, la religion subit alternativement des attaques pour la véhémence de ses propos et l'intégrisme qu'elle peut déclencher, et le clergé lui-même n'est jamais ménagé. Faisant écho à un scandale de pédophilie dans l'Église américaine au début des années 2000, un épisode diffusé en novembre 2002 (saison 7, épisode 6) procède à une véritable remise en question morale de l'Église catholique, traitée à travers le prisme du bouleversement personnel qu'elle suscite chez Bobby et Jimmy, tous deux catholiques, et les critiques acerbes d'Eugene et Lindsay, protestants, dénonçant la complicité des fidèles. Certaines pratiques archaïques au sein de l'Église catholique sont également envisagées lorsque Bobby est appelé à défendre son prêtre, responsable de la mort d'un jeune paroissien sur qui il pratiquait un exorcisme (saison 2, épisode 11). L'Église catholique n'est cependant pas la seule à faire l'objet d'un examen critique : un épisode cible un représentant du judaïsme, lorsque Eugene défend un rabbin accusé de viol (saison 2, épisode 22) ; un autre examine la loi du talion judaïque, quand un client du cabinet décide de venger le meurtre de sa fille, un acte auquel, affirme-t-il, l'autoriserait sa religion (saison 1, épisode 5). La saison 6 s'intéresse par ailleurs aux règles de vie des Témoins de Jéhovah, au moment où Rebecca manque de mourir à l'hôpital à la suite d'un accident, sa mère refusant qu'elle subisse une transfusion sanguine en raison de ses croyances religieuses. Le cabinet décide de la poursuivre devant un tribunal pour non-assistance à personne en danger, à l'occasion d'un procès qui cherche à mettre en parallèle pratique religieuse et crime. La diversité des confessions religieuses des personnages est aussi explicitement mise en avant, permettant à plusieurs reprises de confronter les différents personnages aux contradictions que leur impose leur religion. C'est le cas notamment lorsque Bobby doit accepter le fait qu'un prêtre puisse être un criminel, quand Elleanor est confrontée à la revendication d'une loi du talion tolérée par le judaïsme, ou lorsque la mère de Rebecca préfère voir mourir sa fille plutôt que d'enfreindre les règles que lui impose sa croyance. L'implication émotionnelle des personnages dans les problèmes éthiques auxquels ils doivent faire face permet finalement à la série de procéder à une véritable prise en charge fictionnelle des différentes tensions sociales agitant l'Amérique contemporaine.

La haine de l'autre – autre point d'ancrage critique de la série – est abordée à travers la thématique de l'homophobie, qui fait l'objet de plusieurs épisodes. L'avocat catholique Jimmy Berlutti est contraint de se confronter à ses propres préjugés lorsque sa mère lui annonce son homosexualité et lui demande de plaider sa cause devant la Cour afin qu'elle puisse épouser légalement sa compagne. Le racisme ambiant qui plane toujours sur l'Amérique se trouve aussi dénoncé de manière répétée, et l'incompréhension interraciale est évoquée explicitement par Bobby et Eugene lorsque ce dernier assure à son collègue qu'il ignore ce qu'un homme noir peut ressentir et ce que c'est que d'être sans cesse soupçonné en raison de sa couleur (saison 2, épisode 8). Le racisme et plus généralement la discrimination sont l'un des sujets les plus souvent abordés dans la série, qu'il s'agisse du racisme dirigé contre les Afro-Américains, de l'antisémitisme, et, plus récemment, dans un contexte post-11 septembre, du racisme ciblant les Arabes.

Ces préjugés à l'encontre de la différence, dénoncés par les néoséries, se traduisent aussi par la peur associée à l'étranger, à l'image de cet épisode où Jimmy doit défendre à contrecœur son cousin, poursuivi pour avoir renvoyé l'une de ses employées parce qu'elle était d'origine iranienne. Aveuglé par sa peur du terrorisme, le jury innocente l'accusé, une décision que le juge, scandalisé, s'empresse de casser (saison 3, épisode 5). Les thématiques et questions soulevées par cet épisode rappellent par ailleurs les discriminations et violences physiques qui ont été subies par des centaines de musulmans aux États-Unis aux lendemains du 11 septembre 2001. La survenue des attaques terroristes et les conséquences sociales, politiques et militaires qu'elles ont entraînées ont imposé leur marque à la fiction, particulièrement visible dans *The Practice*. L'Amérique de « l'après-11 septembre », cette Amérique meurtrie dans laquelle les discriminations, justifiées par la peur du terrorisme, se multiplient est ainsi mise en scène de manière très critique dans plusieurs épisodes, et évoquée à travers de nombreuses allusions. Dans l'épisode « De pire en pire », la question est débattue de manière engagée (saison 7, épisode 8). Celui-ci met en scène le procès intenté devant une cour fédérale par un homme d'origine arabe contre une compagnie aérienne menant une politique discriminatoire, mise en place à la suite du 11 septembre, et dont le slogan racoleur est « Nous ne transportons pas les Arabes. » L'épisode est centré sur le débat entre parties au cours de l'audience préliminaire, à l'issue de laquelle le juge doit décider de la recevabilité de la plainte. Au cours des arguments finaux des deux parties, chacun des avocats expose une vision très différente de la question, qui oppose deux conceptions du droit, de la justice, mais aussi de l'Amérique. L'avocat de l'accusation évoque le climat de peur qui agite le pays et se traduit par la crainte ressentie à l'égard des musulmans dans leur ensemble :

> L'intolérance vit actuellement ses heures de gloire. Qui parmi nous, lorsqu'il voit un musulman dans un avion, ne jauge pas le salopard des pieds à la tête ? Ils ont fait sauter le *World Trade Center*, enfin. Et chacun d'entre nous, même plus d'un an après, se sent toujours violenté.

> Mais ce qui est violenté aujourd'hui si ouvertement, voire fièrement, ce sont nos droits civiques, notre liberté. Tout ce qui est censé constituer l'Amérique. [...] Imaginez. À l'époque, les Noirs devaient s'asseoir à l'arrière des bus. Bien sûr, le monde a changé depuis le 11 septembre, mais les temps de notre nation ont toujours été davantage définis par notre identité en tant que peuple. Mais qui sommes-nous ? Représentons-nous réellement la liberté ? Sommes-nous vraiment les champions des droits égaux ? Les mots de Martin Luther King nous enjoignant de juger les gens en fonction de leur caractère, pas de la couleur de leur peau, suivons-nous vraiment ces préceptes ? Ou sont-ils uniquement des principes que nous faisons retentir lorsque nous ne vivons pas dans la peur ?

Lindsay, qui défend la compagnie aérienne, se fait l'avocat du diable et développe des arguments de type populiste, justifiant la peur des Américains, qui légitimerait la mise en place de mesures discriminatoires telles que celles prises par cette compagnie : le profilage racial serait devenu indispensable pour garantir la sécurité des citoyens.

> « Nous, le peuple » : voilà comment commence notre Constitution. Depuis le 11 septembre, le peuple réclame justice. Le peuple veut être vengé, mais surtout, il veut la sécurité. Notre Gouvernement nous prévient tous les jours que la prochaine attaque ne saurait tarder. « Soyez sur vos gardes. » Ce n'est plus une question de « si », mais de « quand ». Il ne s'agit pas de passer les armes au crible des détecteurs de sécurité, l'avion lui-même est une arme. Il faut donc empêcher certaines personnes de monter à bord.

> Et oui, par « certaines personnes », j'entends les Arabes. Le profilage racial est une chose affreuse. Mais le fait est qu'il est devenu nécessaire. Ces terroristes n'ont rien en commun avec les ennemis que nous avons déjà affrontés. Ils ne sont pas seulement diaboliques, ils sont éduqués, entraînés et disposés à mourir eux-mêmes. Ils vivent parmi nous, en voisins. Ils sont parmi nous. Il n'est pas possible de les reconnaître à leur comportement. C'est pourquoi, pour garantir la sécurité, une compagnie aérienne doit tous les bannir. Ou, tout du moins, elle devrait être autorisée à le faire. [...] Et je ne pense pas que vous pouvez nous accuser de paranoïa, monsieur le juge, alors que nos propres gouvernants nous suggèrent d'avoir peur.

Le verdict du juge, qui rappelle le contexte politique et social entourant ce procès, s'oriente dans le sens des arguments de la défense avancés par Lindsay. Il indique qu'un contexte désespéré justifie des mesures exceptionnelles, et, malgré son dégoût personnel pour cette décision, donne raison à la compagnie aérienne. « Nous pouvons tous trouver du réconfort dans l'idée que ce jugement ne tiendra certainement pas en appel, mais ne nous faisons pas d'illusions, le jour viendra où ce sera le cas », conclut-il. En entendant le verdict, Lindsay, qui a remporté une victoire pour son client, regarde le plaignant et sa femme, qui pleure. Un plan appuyé sur l'avocate révèle le dégoût qu'elle ressent envers elle-même et la « justice » qu'elle a fait appliquer. La dernière scène de l'épisode expose ce qu'elle pense réellement de cette affaire, et son intervention apparaît comme une mise en garde destinée au public :

> Vous savez ce qui se passera ensuite ? Un islamique va dire quelque chose d'anti-américain, et il sera fusillé. [...] La « rage du 11 septembre » comme justification de responsabilité atténuée, et la vraie perversité de l'histoire, c'est que c'est un argument gagnant, gagnant à tous les coups.

Ce discours conclusif indique aussi sans équivoque de quel côté de ce débat se place réellement la série, qui dénonce la menace que représente pour les libertés fondamentales des Américains tout un ensemble de mesures d'exception prises par la justice ou le Gouvernement dans un contexte de peur.

La série multiplie ainsi les critiques envers l'administration Bush : si les médias d'information américains – les *networks* notamment – ont été largement critiqués, *a posteriori*, pour leur panurgisme à l'époque de la guerre en Irak, il ne faut pas, en revanche, négliger le fait que certaines œuvres de fiction se sont exprimées de manière très critique pour dénoncer la « guerre contre la terreur », la guerre contre l'Afghanistan et l'Irak et leurs conséquences sur la société et la justice américaines. La mise en place du *USA Patriot Act*, notamment, a fait l'objet de critiques explicites et d'allusions à peine voilées dans *The Practice*. Cette loi antiterroriste votée en octobre 2001 en tant que loi d'exception[1], conséquence directe des attentats de 2001, a permis d'étendre considérablement les prérogatives de la police pour lutter contre le terrorisme, donnant aussi lieu à la définition d'un nouveau crime, le « terrorisme intérieur ». Cette loi autorisait notamment les autorités à maintenir en détention, sans inculpation ni limite de temps, tout individu soupçonné d'ourdir des projets terroristes. La série a mis en évidence de manière explicite le caractère liberticide de cette loi, qui marque l'empiètement du pouvoir administratif sur le pouvoir judiciaire, sacrifiant les libertés individuelles au profit d'une répression accrue et réduisant les droits des suspects à un procès équitable. Un épisode, « Aveu sous la torture » (« *Police State* » ; « État policier » en version originale), diffusé en janvier 2004, en illustre les dérives (saison 8, épisode 11). L'épisode s'ouvre sur l'appel désespéré d'un homme au cabinet, demandant qu'un avocat vienne défendre son ami, suspecté d'avoir tué un policier et torturé sur son lit d'hôpital par la police. À son arrivée sur place, l'avocate se voit signifier que le *Patriot Act* autorise la police à traiter son client de cette manière et à disposer de quarante-huit heures pour l'interroger

1. C'est-à-dire non amenée à durer : le *Patriot Act* a été abrogé en 2005.

avant qu'elle ne puisse intervenir. Portant l'affaire devant le FBI et devant un juge, le cabinet est débouté de toutes ses tentatives visant à protéger son client de la brutalité de la police. Cet épisode montre que le *Patriot Act* a ouvert la voie à de nombreuses dérives, dont la violence policière, conférant à la police un pouvoir renforcé pour lutter contre le crime : l'argument critique y est par ailleurs renforcé par le fait que le jeune homme torturé par la police n'est pas coupable du meurtre dont elle l'accuse.

Dans un autre épisode diffusé en décembre 2001 (saison 6, épisode 10), Rebecca défend une personne d'origine arabe détenue en tant que témoin clé – mais sans explication – depuis plusieurs semaines par le FBI, qui lui refuse tout accès à son client. Elle suspecte que celui-ci a été torturé, et déclare tristement à Lindsay :

> Nous y sommes revenus. À l'internement des gens. On les jette en prison en raison de leur lieu de naissance. Comme pendant la Seconde Guerre mondiale avec les Américains d'origine japonaise, nous y sommes revenus ! Bien sûr, le Gouvernement s'en excusera plus tard, mais ce sera trop tard.

Lindsay lui répond que « la plupart des Américains savent que les Arabes américains sont américains et qu'ils sont leurs voisins, mais tout le monde a peur » ; à quoi Rebecca renchérit : « Ouais. Nous y sommes revenus. »

À travers une série de mises en situation fictives mais vraisemblables des dérives entraînées par la psychose du terrorisme, illustrées sur le mode hypothétique du « et si ? », *The Practice* envisage de manière allégorique l'état moral d'un pays en crise, et établit un constat désabusé de ce qu'est devenue l'Amérique, ses valeurs, sa démocratie. Que sont devenus les idéaux de Martin Luther King face à la terreur ?, s'inquiète l'avocat de la défense dans « De pire en pire » (saison 7, épisode 8). Sommes-nous prêts à tout accepter au nom d'un désir de sécurité, sommes-nous prêts à renoncer à certains de nos droits fondamentaux en son nom ?, questionne la série, interpellant sans relâche le téléspectateur et son sens civique. « Le respect de la vie privée s'érode rapidement dans ce pays », souligne un avocat, « tandis que le sentiment de psychose triomphe assurément » (saison 6, épisode 14). Les bouleversements mis en scène et envisagés de manière critique dans la série s'insèrent dans un contexte général d'ébranlement de la société américaine, marquée par la crise économique, la mondialisation, le terrorisme, les mutations sociopolitiques et l'étiolement du rêve américain, qui préside à la naissance d'un climat de peur ambiante largement relayé et amplifié par les médias, et mis en scène dans de nombreux épisodes de *The Practice*.

5

UN ARGUMENTAIRE FILÉ CONTRE LA PEINE CAPITALE

En 2011, la peine capitale était toujours en vigueur et appliquée dans 37 États des États-Unis, dont les trois plus actifs dans le domaine sont la Californie, le Texas et la Floride. Défendue fermement par les mouvements de droits des victimes, soutenue officiellement ou tacitement par l'ensemble des candidats à la présidentielle depuis des années, ainsi que par une part non négligeable de l'opinion (en 2003, les Américains étaient 64 % à se déclarer favorables à la peine de mort[1]), la peine capitale rencontre toutefois une opposition solide et croissante de la part d'un certain nombre de citoyens américains, parmi lesquels figurent des familles de victimes de crimes violents. Depuis la fin des années 1990, l'action de groupes indépendants ou d'étudiants œuvrant pour faire réviser des procès douteux et ordonner la pratique de tests ADN a

1. Pew Research Center, « Religion and Politics: Contention and Consensus », 24 juillet 2003.

prouvé que de nombreux condamnés avaient été exécutés à tort. Le retentissement provoqué par de telles affaires a poussé le gouverneur de l'Illinois notamment à ordonner en janvier 2000 un moratoire sur les exécutions dans l'État d'Illinois.

Donnant voix à ces opposants, plusieurs épisodes marquants de *The Practice* abordent ce sujet, et développent un discours condamnant fermement cette pratique. Afin d'explorer de manière engagée ce débat, la série a choisi d'aborder un ensemble de cas particuliers envisagés à travers les contradictions et les croyances de leurs personnages principaux. Un tel procédé permet, plus que ne le pourrait un plaidoyer rationnel contre la peine de mort, d'en souligner avec force les limites. Nous nous intéresserons ici à une série d'épisodes ayant pour thématique principale la peine capitale, afin d'envisager les différentes manières utilisées par les scénaristes pour marquer leur engagement contre cette pratique.

L'action de *The Practice* se situe à Boston, dans le Massachusetts, un État où la peine de mort a été déclarée anticonstitutionnelle en 1984. La dernière exécution s'y est produite en 1947. Pour cette raison, les clients meurtriers défendus par les avocats du cabinet Donnell à Boston n'encourent pas le risque d'être condamnés à mort : l'emprisonnement à vie sans possibilité de libération anticipée demeure la peine la plus sévère qu'ils puissent obtenir. Les épisodes dans lesquels le sujet est abordé ont donc lieu dans d'autres États américains où la peine capitale est en vigueur : le plus souvent, un ou plusieurs des associés du cabinet y est appelé pour défendre un client déjà condamné à mort, et tenter, généralement au dernier moment, de surseoir à son exécution. Les avocats de la série interviennent donc au dernier échelon de la longue chaîne judiciaire qui a conduit leurs clients dans les couloirs de la mort. Leur rôle consiste ici à tenter de réparer les erreurs et les jugements hâtifs commis par le passé par un système judiciaire décrit comme prompt à envoyer à la mort des suspects défavorisés.

Dans les différents épisodes consacrés à la peine de mort, les scénaristes mettent en place une critique à deux niveaux, qui – nous le verrons – en appelle à la fois à la raison et à l'émotion des téléspectateurs, redoublant ainsi son efficacité. Plusieurs de ces épisodes figurent en effet parmi les plus remarquables de la série : en raison des enjeux majeurs qu'impliquent de tels procès pour leurs clients, les avocats de la série s'y montrent des plus investis, voire acharnés, ne négligeant aucun effort pour faire libérer leurs clients ou commuer leur peine. Leur engagement personnel accru – aussi bien au niveau professionnel qu'émotionnel – auprès des clients qu'ils tentent de sauver les place dans la catégorie des avocats héroïques : transcendés par le combat dans lequel ils s'engagent contre un système judiciaire conservateur, réticent à admettre ses erreurs et à revenir sur des décisions passées, les avocats du cabinet Donnell ne laissent plus de place, dans ces cas de figure, aux doutes qui les assaillent régulièrement quant à la moralité de leur métier. Leurs arguments passionnés en faveur de leurs clients et contre la peine capitale, destinés à convaincre aussi bien le juge fictionnel que les téléspectateurs, font souvent mouche auprès du public, à défaut de convaincre la justice.

Parmi les arguments abolitionnistes développés par la série, on trouve une série de constats indiquant que la peine capitale est un processus extrêmement coûteux : le seul procès d'un condamné à mort coûte en effet largement plus cher à l'État et aux contribuables que l'incarcération à perpétuité d'un prisonnier. Les raisons de ce coût accru sont liées à des mesures de précaution imposées par la Constitution : une procédure de sélection des jurys plus contraignante, une formation plus longue des jurés, un double procès pour les accusés – le premier, pour établir la culpabilité ou l'innocence du suspect, et le second, s'il est jugé coupable, pour décider s'il sera condamné à mort ou non. Dans le cas où le condamné fait l'objet d'une condamnation à mort, une procédure d'appel automatique est faite auprès de la Cour suprême de l'État. De nombreux experts sont ainsi nécessaires, les procédures sont rallongées et les appels multipliés, ce qui contribue à accroître considérablement les coûts. La série met en évidence ces étapes fastidieuses, se montrant particulièrement instructive à ce sujet. Elle fournit ainsi à son public des arguments rationnels pour s'opposer à la peine de mort, tout en mettant en avant les raisons émotionnelles de ceux qui la prônent.

The Practice s'est aussi attaché à traiter de la peine capitale de manière originale et marquante. Le premier épisode de la série consacré intégralement au sujet, intitulé « Esprit de l'Amérique » a été diffusé au cours de la saison 2. Cet épisode remarquable, qui a reçu en 1998 le prix Silver Gavel de l'*American Bar Association* (l'Association américaine du Barreau, qui a pris officiellement des positions abolitionnistes), s'écarte de la mise en scène habituelle de la série, ce qui contribue à en faire un épisode à part. Il est en effet mis en scène sous la forme d'un documentaire tourné par une chaîne de télévision, qui suit les membres du cabinet Donnell et Associés au cours d'un déplacement en Pennsylvanie, où ils ont été engagés pour tenter de surseoir à l'exécution de Randall Jefferson, un homme condamné pour meurtre. Cet artifice de mise en scène permet de suivre à la fois les différentes procédures légales auxquelles ont recours les avocats pour faire acquitter leur client, mais aussi d'explorer, à l'aide de scènes d'interview, leurs différents points de vue sur la peine capitale. L'ensemble de l'épisode est donc vu à travers ce que filme, caméra à l'épaule, l'équipe de reporters : la mise en images indique ainsi immédiatement au téléspectateur qu'il s'agit d'un épisode particulier. À l'instar des documentaires, l'épisode s'ouvre sur un écran noir sur lequel s'affichent des précisions quant à l'affaire dont il va être question, et qui précise d'emblée l'orientation de l'intrigue :

> Le 23 septembre 1990, le corps de Jennifer Carson, 19 ans, a été retrouvé dans la forêt près de son domicile de Redland Hills. Trois semaines plus tard, Randall DeWitt Jefferson a été arrêté et accusé du meurtre. Il a été reconnu coupable d'homicide avec des circonstances particulières, et condamné à mort. Ses nouveaux avocats ont dix-huit heures pour empêcher son exécution.

Une partie de cet épisode, en particulier les scènes décrivant les requêtes déposées par les avocats du cabinet et les audiences, au cours desquelles ils plaident pour la vie de leur client, sont l'occasion d'une attaque explicite contre le système judiciaire. La critique est ici d'ordre pratique, elle ne s'attache pas à remettre en cause l'existence de la peine de mort, mais plutôt à établir si elle est prononcée et appliquée de manière équitable et juste. D'emblée, Bobby Donnell souligne qu'un tiers des condamnés à mort n'a pas d'avocat, ce qui les empêche de tenter une procédure d'appel. Il met aussi en avant devant une cour d'appel l'incompétence de la justice et les irrégularités du procès qui a conduit son client dans le couloir de la mort :

> Un homme est sur le point d'être exécuté. Vous êtes sans doute son dernier espoir. Tout ce que je demande, c'est que vous inspectiez la procédure qui a mené à sa condamnation et que vous vous demandiez si elle a été conduite de manière équitable.

D'une durée éclair de seulement trois jours, ce procès, souligne Donnell, a reposé sur un unique témoin à charge, un prisonnier à qui le ministère public a proposé une réduction de peine contre son témoignage. L'accusation ne disposait d'aucune preuve physique ni de l'arme du crime, et l'avocat de la défense est resté passif durant tout le procès. Enfin, aucune mention des mauvais traitements subis par l'accusé dans son enfance n'a été faite au tribunal, malgré des rapports médicaux disponibles. Une fois reconnu coupable et emprisonné, démontre Bobby devant la Cour, Jefferson a encore pâti de l'incompétence de son ancien avocat, qui a notamment manqué une date butoir pour faire appel. Dans de telles conditions, interroge cet épisode, est-il légalement acceptable d'exécuter un homme dont la culpabilité ne repose même pas sur des preuves tangibles ? Au-delà du débat destiné à déterminer si la peine capitale constitue une peine appropriée, cet épisode s'attache aussi à évaluer la manière dont celle-ci est appliquée, dénonçant ainsi le caractère souvent injuste et inégal de cette peine, qui devient le symbole d'un système judiciaire bancal et perverti, où les pauvres et les Noirs sont plus susceptibles d'être exécutés que les autres. Comme le signale Eugene Young dans l'épisode :

> La peine de mort est une affaire de race. Si vous êtes une personne de couleur et que vous tuez un homme blanc dans ce pays – et malheur à vous si vous faites ce dont Randy Jefferson est accusé, tuer une petite fille blanche – vous avez 12 fois plus de risques de finir dans le couloir de la mort qu'un Blanc qui a tué un Noir.

L'intérêt de cet épisode réside aussi dans la mise en exergue d'une série de réactions individuelles d'ordre émotionnel à l'égard de la peine capitale, constituant un panorama des positions possibles sur la question. Ainsi, au début de l'épisode, les reporters qui réalisent le reportage se rendent dans la rue pour interroger des anonymes sur le sentiment que leur inspire le fait que les condamnés à mort puissent faire appel de leur condamnation. Les réponses entendues représentent, dans leur variété, les sentiments d'une bonne partie des Américains, comme par exemple :

> HOMME BLANC, LA QUARANTAINE : Ces gens doivent être déchus du droit de vivre. Point final. Si vous prenez une vie, à mon sens, vous n'avez plus aucun droit.
> FEMME BLANCHE, AUTOUR DE 25 ANS : Ce n'est pas un peu barbare ? Ça ressemble à de la vengeance, il me semble.
> FEMME BLANCHE ACCOMPAGNÉE D'UN JEUNE ENFANT : Je crois que cet homme mérite tout ce qui l'attend pour ce qu'il a fait à cette fille. Et ses parents, mon dieu. Perdre un enfant, c'est ce qu'il y a de pire.

Le téléspectateur lui-même est donc susceptible de s'identifier à ces sentiments exprimés. L'épisode met aussi en avant l'émotion des parents de la jeune victime, la crainte de voir le meurtrier de leur fille échapper à la mort, et le dégoût qu'ils ressentent pour les avocats qui ont accepté de le représenter.

Si tous les avocats du cabinet ont fait le déplacement pour s'occuper, dans l'urgence, du cas Jefferson, c'est autour du personnage de Jimmy Berlutti que l'épisode se déploie. Comme souvent, c'est lui qui écope des tâches les moins complexes juridiquement, et il a été désigné ici par ses collègues pour soutenir Randall Jefferson dans les dernières heures de sa vie. C'est donc lui qui apparaît le plus souvent dans les séquences filmées par les reporters fictifs. Ce choix est judicieux, car Jimmy est un défenseur de la peine capitale, représentant dans cette série l'Américain moyen : fils d'immigrés italiens, d'origine sociale modeste, attaché à la religion et à ses valeurs mais pétri de préjugés, il incarne une certaine bigoterie toujours en vogue aux États-Unis. Lors d'une première interview avec les journalistes, Jimmy exprime son adhésion à la peine capitale :

> Je ne vois pas où est la justice quand une petite fille se fait assassiner et que le cinglé qui l'a tuée a le droit de se réveiller tous les matins et de manger des œufs et du bacon payés avec l'argent du contribuable.

Si les contraintes (de temps, d'accès) de l'information empêchent de couvrir les derniers moments qui précèdent une exécution, la fiction investit au contraire cet aspect humain et émotionnel de la peine capitale en retraçant le parcours rituel des condamnés avant la mort : la visite du guide spirituel, la commande du dernier repas, les adieux à la famille, l'attente, puis la dernière traversée du couloir de la mort et l'installation du dispositif de mise à mort. Ces moments sont donc précieux, car ils permettent au public américain d'entrevoir les coulisses d'une exécution, auxquelles ils ne pourraient avoir accès autrement. Dans « L'esprit de l'Amérique », c'est Jimmy qui accompagne le condamné dans ces derniers moments, au cours desquels l'attitude de l'avocat change progressivement : quelques heures plus tôt si sûr de son engagement, celui-ci se rend compte peu à peu, au contact du condamné, des implications morales de la peine capitale. Après quelques heures passées avec le prisonnier, son discours a déjà changé, et il donne l'impression de chercher des arguments pour se convaincre lui-même de la justesse de sa première impression :

> Voilà comment je vois les choses : il a été épinglé, il est coupable, et il en paye le prix. C'est censé être la méthode la moins cruelle : ils s'endorment doucement. Comme on le fait pour les chiens ou les chats. Ils s'en vont, tout simplement. C'est bienveillant, non ?

Lorsque les avocats du cabinet apprennent que tous leurs recours ont été vains et que l'exécution ne peut plus être empêchée, Jimmy demande à Bobby de lui laisser apprendre la nouvelle à Jefferson, une démarche qui symbolise le parcours psychologique réalisé par l'avocat : peu impliqué émotionnellement au début de la journée, il avait refusé d'annoncer une mauvaise nouvelle à son client. Après avoir assisté aux adieux de Jefferson à sa famille, puis au dernier repas du condamné, Jimmy se rend compte qu'il est un homme comme lui, avec qui il a des points communs, un même intérêt infantile pour *Le Livre des Records*, notamment. Lorsqu'on vient chercher son client pour le conduire à la mort, l'avocat le serre dans ses bras, puis, effondré, refuse de répondre au reporter qui lui demande s'il maintient sa position sur la peine de mort. En suivant, heure après heure, l'évolution de la position du personnage de Jimmy Berlutti à propos de la peine de mort, la série invite le téléspectateur non convaincu à accomplir un parcours similaire. *The Practice* montre ici que l'expérience personnelle peut contribuer à changer radicalement les positions d'un individu sur un sujet comme la peine de capitale, qui suscite des réactions émotionnelles très fortes du côté de ses détracteurs comme de ses partisans. Dans « L'esprit de l'Amérique », l'avocate Elleanor Frutt, interviewée par l'équipe de documentaristes qui suit l'affaire Jefferson, décrit l'événement qui a changé sa propre perspective sur le sujet :

> Ma position a quelque peu changé avec le temps. En fait, je sais exactement quand elle a changé. C'était le 27 avril 1991, quand ma meilleure amie a laissé rentrer quelqu'un dans le hall de son immeuble de la 77e rue à New York

> (c'est censé être un quartier sûr, n'est-ce pas ?). Il l'a suivie dans les escaliers, a réussi à la faire monter sur le toit, où il l'a poignardée et tuée. Avant la mort de Lisa, j'étais engagée contre la peine de mort. Passionnément engagée. J'aurais mis des autocollants à slogan sur ma voiture, si j'en avais eu une. Mais quand je pense à Lisa, terrorisée sur son toit... Elle voulait avoir des enfants... Et quand je pense à lui, cette raclure qui l'a tuée, qui a dû sourire d'avoir emmené une si jolie fille sur ce toit... En réalité, ma position n'a pas changé, mais disons juste qu'aujourd'hui, j'ai une voiture : elle n'a pas d'autocollant à slogan.

Le cas d'Elleanor se distingue ici de la conversion de Jimmy, à laquelle le public a assisté sans qu'il ne l'exprime toutefois de manière rationnelle. Elleanor, en revanche, a réfléchi à sa position, elle est capable de la verbaliser. Celle-ci est plus proche émotionnellement de la position des familles des victimes ; elle comprend leur point de vue sur la peine capitale et partage leur douleur, mais pas leur soif de vengeance. Cette position intermédiaire fait de son personnage une sorte de compromis pour un public qui douterait, et donne du poids au combat qu'elle mène pour sauver Randy Jefferson. La force de l'épisode réside dans le fait que l'innocence de Jefferson n'est jamais réellement établie de manière définitive : le public comme ses avocats ignorent s'il est réellement coupable. La critique de la peine de mort ne s'appuie donc pas ici sur le fait qu'un innocent va être exécuté, comme le fait souvent la fiction – et *The Practice* elle-même à d'autres occasions –, c'est plutôt le caractère injuste du système en lui-même qui est mis en avant, ce qui constitue une critique plus radicale. Cet épisode développe ainsi l'argument selon lequel la peine de mort n'est pas seulement dramatique lorsqu'elle est appliquée à tort, elle est dramatique en soi.

Une série d'épisodes diffusés au cours de la saison 4 (« La peine de mort », épisode 18 ; « L'amour n'a pas d'âge – 1re partie », épisode 19 et « Les cloches de la liberté – 2e partie », épisode 20) donne l'occasion aux scénaristes de prolonger leur critique de la peine capitale, mais aussi de s'intéresser au cas d'un innocent condamné à tort. Vers la fin des années 1990, plusieurs groupes non gouvernementaux voient le jour, souvent rattachés à des universités de journalisme ou de droit, comme *The Innocence Project* de la faculté de droit de l'université Yeshiva à New York, qui s'attache à prouver l'innocence de criminels enfermés dans les couloirs de la mort : ceux-ci militent pour la systématisation des tests ADN, qui permettent de déterminer avec certitude la culpabilité ou l'innocence des condamnés, et œuvrent pour faire mettre en place des réformes du système judiciaire destinées à éviter que des innocents soient condamnés et exécutés.

À ce jour, plus de 250 prisonniers condamnés à mort ont déjà été acquittés au cours de ces dernières années aux États-Unis. C'est dans ce cadre idéologique que se placent ces trois épisodes, diffusés en avril 2000. Elleanor Frutt y est engagée par la mère de Stuart Donovan, un jeune homme condamné à mort douze ans auparavant pour un double meurtre, et dont l'exécution est prévue cinq semaines plus tard, en Pennsylvanie. L'avocate tente d'obtenir de la Cour qu'un test ADN soit réalisé pour faire libérer son client, dont la condamnation a été établie à partir du témoignage douteux d'un alcoolique et du faux témoignage d'un codétenu qui a obtenu une réduction de peine. Elle montre aussi que les droits constitutionnels de son client ont été bafoués à plusieurs reprises. Malgré cet ensemble d'éléments qui permettent de mettre en doute la culpabilité de Donovan, Elleanor se retrouve en butte à un système hostile qui refuse de se remettre en question et de corriger ses erreurs passées. Les demandes successives de l'avocate sont ainsi systématiquement rejetées d'une manière décrite comme inique. Lorsque, à force de requêtes et d'insistance, la Cour finit par autoriser qu'un test ADN soit pratiqué, celui-ci indique que Stuart Donovan n'a pas agressé la jeune fille qu'il est accusé d'avoir violée et tuée : l'innocence du condamné est donc établie avec certitude dans le troisième épisode de ce triptyque, légitimant le combat de sa mère et d'Elleanor, contre un système peu disposé à se remettre en cause. Dans cet épisode, « Les cloches de la liberté », Elleanor adresse un long argumentaire au juge, qui s'apparente à un réquisitoire contre un système auquel elle a choisi de consacrer sa carrière, et en lequel elle affirme avoir eu foi. L'avocate commence par mettre en avant les faiblesses de ce système, qu'elle accepte, dit-elle, en tant qu'« effets secondaires » d'un système débordé et ne disposant pas d'assez de moyens. Mais, avance-t-elle dans un second temps, de telles faiblesses sont intolérables lorsque la vie d'un homme est en jeu, ce qui permet le développement d'une véritable diatribe contre la peine de mort :

> Les gens n'ont souvent pas le droit à un procès équitable dans ce pays. [...] Stuart Donovan a été confié à un avocat commis d'office qui a terminé un autre procès de peine capitale 48 heures avant le début du sien, et cet avocat n'était pas préparé pour ce nouveau procès. Il n'a pas découvert de nombreux éléments qu'il aurait dû soulever. Les avocats de la défense, les avocats commis d'office en particulier, ne disposent pas de suffisamment de temps ni de ressources, et c'est compréhensible. Il est prévisible que certaines choses passent à l'as. Mais j'ai un homme qui risque la mort, ici.
>
> Techniquement, d'un point de vue probant, M. Stanfield a raison, les aveux sont valables. Techniquement, d'un

point de vue probant, le témoignage du témoin est valable, il aurait fallu le récuser au moment du procès, et cela n'a pas été fait. En réalité, un homme va être exécuté pour un crime qu'il n'a pas commis. Et au cours de toutes mes démarches, je n'ai cessé d'entendre : « Mlle Frutt, il y a un système, un système de preuves et d'appels. » Le système ne fonctionne pas toujours, M. le juge.

Au cours des dix dernières années uniquement, plus de 44 personnes ont été libérées des couloirs de la mort pour des crimes qu'elles n'avaient pas commis. Le système utilise des prisonniers qui en balancent d'autres et inventent des aveux. Le système fait mentir la police. Le système est très, très faillible, et c'est peut-être compréhensible, étant donné le nombre important d'affaires criminelles ; des erreurs se produisent, des mensonges se produisent, cela arrive, ce sont des effets secondaires du système que je peux presque comprendre.

Mais ce que je ne peux pas comprendre, c'est que l'on a la possibilité de découvrir la vérité à l'aide de tests ADN, mais qu'on ne le fasse pas. Dans 48 États, dont celui-ci, les prisonniers n'ont pas le droit de bénéficier d'un simple test ADN qui peut prouver leur innocence. Vous ne nous avez pas laissés en bénéficier, monsieur le juge. Nous avons dû aller trouver le père de la victime, qui nous a miraculeusement autorisés à exhumer sa fille, et après cela, nous avons fait faire le test nous-mêmes, ce qui a permis de prouver l'innocence de Stuart Donovan. Et pourtant, rien n'a changé. M. Stanfield intervient maintenant pour changer la théorie du ministère public, et attire à nouveau l'attention de la Cour sur un témoin et un informateur que tout le monde dans cette pièce considère comme suspects. Même si tout cela peut être techniquement admissible, personne ici ne croit vraiment cette balance, personne ne fait réellement confiance à ce témoin, et un homme

> s'apprête à mourir. Est-ce que notre système ne sert qu'à obtenir des condamnations ? Mon collègue Eugene Young m'a dit de ne pas prendre cette affaire trop à cœur, mais comment ne pas le faire ? Comment ne pouvons-nous tous pas la prendre à cœur ? Un innocent va mourir. En tant qu'humains, en tant qu'officiers de justice, en tant qu'acteurs de ce système, comment ne pas la prendre à cœur ?

Cette longue tirade ininterrompue de l'avocate dure 4 minutes et 45 secondes (soit 11 % de la durée totale de l'épisode), un temps extrêmement long pour le *prime time*, qui préfère les répliques courtes et efficaces : la durée exceptionnelle de cet exposé montre qu'aux yeux des producteurs de la série, la valeur de l'argument surpasse ici le risque de perdre des téléspectateurs en chemin. L'argumentaire d'Elleanor indique clairement que la peine de mort est un processus inacceptable dans le cadre d'un système faillible. Comme cela est très souvent le cas dans la série, il est aussi l'occasion d'informer le téléspectateur à l'aide de chiffres et de faits précis sur le système judiciaire de son pays.

À la fin de l'épisode, la persévérance de l'avocate trouve son aboutissement lorsque son client est finalement acquitté des meurtres dont il était suspecté : la justice bornée décrite tout au long de ces trois épisodes a fini par céder devant la force des preuves apportées et de l'argumentaire mis en place par Elleanor.

Une série de deux épisodes de la série, diffusée en 2003, s'intéresse à la question de la peine de mort sous un angle un peu différent, qui contribue à élargir le débat sur le sujet et à nourrir l'argumentaire contre la peine capitale de *The Practice*. Il s'agit des épisodes intitulés « Peine capitale » (saison 7, épisode 12) et « L'affaire Denise Freeman » (saison 7, épisode 13), dans lesquels, à la demande d'un directeur de centre pénitentiaire, Elleanor Frutt tente de surseoir à l'exécution de Denise Freeman, une Afro-Américaine incarcérée dans le New Hampshire pour le meurtre de deux jeunes garçons, qui doit avoir lieu la semaine suivante. Le cas de Denise Freeman ne ressemble pas aux cas précédents envisagés dans la série. Ici, la condamnée est bien une meurtrière, mais elle souffre de troubles mentaux – une schizophrénie paranoïde – sous l'emprise desquels elle a commis ses meurtres. Sous traitement depuis huit ans, elle ne souffre plus d'aucun symptôme, et se consacre avec succès à aider les cas difficiles incarcérés dans la même prison qu'elle. L'objectif de cette série d'épisodes n'est donc pas ici d'empêcher l'exécution d'une innocente, mais de montrer l'iniquité d'une justice qui condamne à mort des personnes malades mentales. Comme le rappelle Elleanor, « la Cour suprême a explicitement établi que le Huitième amendement interdit d'exécuter les fous ». Cet épisode fait implicitement écho à plusieurs exécutions de condamnés reconnus malades qui ont eu lieu au début des années 2000. La première partie du travail d'Elleanor consiste donc à faire admettre la démence de sa cliente par un juge, ce qu'elle parvient à obtenir après que celle-ci a arrêté de prendre son traitement. Elle dépose ensuite une requête auprès de la *Federal District Court* pour interrompre la procédure d'exécution. Au cours de cette audience, l'avocate défend son cas en faisant référence à un précédent, et en montrant le caractère inefficace d'une telle méthode : « Wainwright est explicite : exécuter une personne atteinte de démence a une valeur punitive très limitée, n'offre pas d'exemple aux autres, ne constitue pas un facteur dissuasif, et est un outrage à l'humanité. » Le juge décide d'accorder un sursis à Denise Freeman, mais la partie adverse demande à ce qu'elle soit forcée de reprendre son traitement, une manœuvre que la loi autorise, et qui permettrait légalement d'exécuter la condamnée en tant que personne saine d'esprit. À nouveau sous médicaments, Denise est alors jugée apte à être exécutée. Son avocate décide donc de plaider le caractère anticonstitutionnel de la peine de mort en ce qui concerne sa cliente. Au cours de l'audience de la dernière chance, alors que le juge signale son attachement personnel à la peine de mort, Elleanor rappelle que Denise était pauvre, que son procès pour meurtre a duré seulement trois jours, que sa défense n'a duré qu'une journée, que des experts médicaux ont attesté de sa démence, et enfin, qu'elle n'appartient pas à la catégorie des pires criminels auxquels la peine de mort est réservée. Le plaidoyer du ministère public, par contraste, met dans la balance la valeur de la vie de Denise Freeman par rapport à celle de ses victimes :

> Nous jugeons l'acte criminel, pas le criminel. Quand un jeune enfant est assassiné, c'est le plus atroce des crimes. Alors quand deux jeunes enfants sont assassinés... Cette meurtrière a été jugée saine d'esprit, monsieur le juge. [...] La société ne peut exprimer ses sentiments envers le crime qu'à travers le châtiment qu'il suscite. La laisser vivre maintenant revient à ignorer et à prolonger la misère de ces parents, et à dire que la vie de Denise Freeman compte plus que celle de ces deux enfants innocents.

En réponse à cet argumentaire émotionnel, le plaidoyer final d'Elleanor Frutt consiste à assimiler la peine capitale à un meurtre bien plus pervers que ceux qu'a commis sa cliente :

> En réalité, le meurtre que préconise le gouvernement aujourd'hui est bien plus prémédité que ceux commis

> par Denise Freeman. Le meurtre que préconise le gouvernement aujourd'hui est fait l'esprit clair, de manière raisonnée, et avec bien plus de haine au fond du cœur que cela n'a été le cas pour Denise Freeman. Le meurtre que préconise le gouvernement aujourd'hui est un meurtre cérémoniel. Exécuter Denise Freeman permettra sans doute à la famille des victimes de finir de faire leur deuil, et suscitera sans doute les acclamations d'une grande partie de la communauté. Mais ce n'est pas juste.

Elle termine en citant Clarence Darrow, qui, raconte-t-elle, lui a donné envie de devenir avocate alors qu'elle n'était qu'une enfant, et dont elle avait déjà appris le plaidoyer par cœur :

> Je plaide pour le futur, je plaide pour un temps d'espoir où la haine et la cruauté ne contrôleront plus le cœur des êtres humains, un temps où avec de l'intelligence, de la compréhension et de la foi, nous nous rendrons compte que toute vie mérite d'être sauvée, et que le pardon est ce qui donne à l'homme sa grandeur.

Cette référence est loin d'être fictionnelle, et la série montre ici encore que sa diégèse se déploie dans la même société que celle où évolue son public (de même, un peu plus tôt dans l'épisode, une référence explicite est faite à William Rehnquist, le président de la Cour suprême des États-Unis en fonction au moment de la diffusion de l'épisode). Clarence Darrow était un avocat et un humaniste célèbre, né en 1857. Il fut, tout au long de sa carrière, un opposant farouche à la peine de mort, qu'il jugeait incompatible avec tout progrès humaniste, et utilisait son éloquence renommée pour plaider pour son abolition. En 1924, il prit la défense de Nathan Leopold et de Richard Loeb, deux jeunes étudiants brillants et de bonne famille accusés d'avoir kidnappé et assassiné de sang-froid un adolescent de 14 ans, avec pour seul motif le désir de commettre un crime parfait. Les journaux de l'époque qualifièrent cette affaire de « crime du siècle ». Les deux suspects avouèrent leur crime, ce qui laissait penser qu'ils ne pourraient échapper à la pendaison. Sous le conseil de Darrow, ils plaidèrent coupables, les dispensant d'être jugés par un jury dont l'avocat craignait la soif de rétribution. Devant le juge, Darrow, témoignages d'experts à l'appui, démontre que ses clients souffraient de démence. Son célèbre et très éloquent plaidoyer final, d'une durée de douze heures, avait pour ambition d'attendrir le juge, mais aussi l'opinion publique, afin de préparer le terrain pour qu'un éventuel verdict clément ne suscite pas un soulèvement populaire. Ce procès très médiatisé offrit à Darrow l'occasion unique de partager ses arguments antipeine capitale avec la presse, mais aussi de présenter publiquement sa certitude selon laquelle le crime n'est pas le résultat d'un choix conscient entre le bien et le mal, mais plutôt le produit d'influences psychologiques, physiques et environnementales. Le juge rendit son verdict le 19 septembre 1924, convaincu par les arguments de Darrow : en raison de leur jeune âge, les deux suspects furent condamnés à la prison à perpétuité, sans possibilité de libération anticipée.

L'extrait cité dans l'épisode « L'affaire Denise Freeman » par Elleanor est tiré du plaidoyer final de Darrow lors du procès Leopold/Loeb. La citation qu'en fait l'avocate de *The Practice* est parfaitement exacte, mais non référencée, si ce n'est à travers la mention du nom de Clarence Darrow. Elle s'affirme donc comme un clin d'œil aux initiés, ou comme une invite à la recherche, mais elle sert surtout à replacer l'argumentaire d'Elleanor, ainsi que cet épisode et, par extension, la série tout entière, dans un cadre référentiel précis, celui de la lutte contre la peine de mort au nom de raisons éthiques déjà énoncées par Darrow au début du XXe siècle. On peut ainsi noter un certain nombre de similitudes entre le plaidoyer d'Elleanor et celui de Darrow, qui constitue un intertexte de référence pour cet épisode. Par exemple, quand Elleanor déclare qu'« exécuter Denise Freeman permettra sans doute à la famille des victimes de finir de faire son deuil, et suscitera sans doute les acclamations d'une grande partie de la communauté », Darrow déclarait :

> La solution la plus facile et la plus populaire serait de pendre Dickie Loeb et Babe Leopold. Je le sais. Et les ignorants applaudiront. Les hommes et les femmes les plus cruels et irréfléchis approuveront[1].

En privé, en attendant le verdict du juge, Denise Freeman pousse Elleanor dans ses propres retranchements sur la question de la peine capitale, et signale en passant qu'elle aussi connaît bien la plaidoirie de Darrow :

> DENISE FREEMAN : Honnêtement, Elleanor, si j'avais tué votre fille, est-ce que vous auriez eu le cœur de plaider pour ma vie ?
> ELLEANOR : Absolument pas.
> DENISE : Et tout ce discours sur le triomphe de la gentillesse sur la cruauté ?

Denise fait ici référence à une partie du plaidoyer de Darrow qu'Elleanor n'a pas citée dans l'épisode, qui constitue donc un hors scène : « Je plaide pour que la gentillesse triomphe de la cruauté. » La réponse d'Elleanor montre que sa position tient dans l'absolu, tant qu'elle n'est pas elle-même dans la position de la victime : « J'y crois. Entièrement. Sauf si quelqu'un fait du mal à ma fille. »

1. Clarence Darrow, Chicago, 22 août 1924.

Cette ambivalence du personnage place une fois encore l'avocate dans un entre-deux qui la rapproche d'une certaine fraction du public : sa position est compréhensible, elle rappelle à chacun que les idéaux sont parfois difficiles à tenir face à la tragédie personnelle. Denise, qui endosse à son tour de manière symbolique le rôle de l'avocate, lui indique alors qu'elle a omis de citer son propre passage favori du plaidoyer de Darrow :

> Il a parlé du fait qu'il était d'usage de pendre, décapiter, torturer, de tous ces châtiments inimaginables… Puis, nous avons évolué en tant que nation, jusqu'au point de regarder aujourd'hui tout ceci avec horreur. Il a dit que le futur était de son côté, parce que nous regarderions nous aussi un jour la peine de mort avec embarras et honte. « Le futur est avec moi », a-t-il dit.

Cette nouvelle référence permet de recadrer les doutes émotionnels d'Elleanor – et bien entendu, ceux du public qui les partagerait – vers un argumentaire assimilant la peine capitale à une barbarie du passé, dont l'homme moderne prendra un jour conscience. C'est à la fin de ce dialogue que l'avocate et sa cliente sont informées du fait que le juge est prêt à rendre son verdict. Sans renier son attachement personnel à la peine de mort, celui-ci donne cependant raison à Elleanor en reconnaissant que Denise a tué sous l'emprise d'une maladie mentale, ce qui justifie de commuer sa condamnation en peine de prison à perpétuité. Ainsi, tout comme Darrow, Elleanor a défendu une cliente qui a assassiné un mineur, et comme son modèle, elle est parvenue à faire admettre la maladie mentale de sa cliente au juge, puis à lui faire éviter la peine capitale au profit de la prison à vie. L'épisode s'achève sur les larmes de soulagement de Denise, qui font miroir, de l'autre côté du tribunal, aux larmes des parents des deux jeunes victimes. Cette série de deux épisodes se proposant d'évaluer la problématique de l'exécution des personnes malades mentales est en réalité une manière supplémentaire de mettre en scène, selon un angle un peu différent, l'opposition de la série à la peine de mort. On constate en effet que le débat mené par Elleanor devant la Cour, au cours des différentes audiences où elle intervient, s'éloigne peu à peu de la question de la maladie mentale, pour se recentrer uniquement sur le caractère inhumain de cette peine.

Enfin, la dénonciation de la peine capitale passe aussi par la description très pragmatique du déroulement d'une exécution. Dans « L'esprit de l'Amérique », par exemple, on accompagne Jimmy, peu avant la mort de Jefferson, au test de l'équipement de mise à mort : les sangles, la seringue, la machine et l'ensemble du matériel sont vérifiés par des employés de la prison, qui placent l'un des leurs sur la table, sanglé. Jimmy assiste à une répétition de l'exécution, mais l'enjouement déplacé de l'équipe, qui contraste avec la solennité du lieu, le choque : l'effet recherché ici est de scandaliser le public en même temps que Jimmy, qui a bien du mal à supporter les plaisanteries vulgaires des gardiens dans ce lieu macabre. Plus loin dans l'épisode, le directeur de la prison explique la procédure de mise à mort au journaliste accompagnant Jimmy. Il lui présente une mécanique bien huilée, minute par minute, mais évoque cependant de possibles complications qui suggèrent la cruauté de cette pratique lorsque le système s'enraye. De tels aléas font cependant partie du processus, suggère le directeur en concluant « [qu'a]ucun système n'est infaillible. Surtout quand il s'agit de mettre fin à une vie humaine. La vie est tenace, comme l'espoir, je suppose ». Dans « Les cloches de la liberté – 2e partie », Eugene assiste lui aussi au test de l'équipement destiné à exécuter Stuart Donovan : des gros plans appuyés sur la machine, les boutons « début » et « fin », les seringues et les pistons permettent de rappeler au téléspectateur que le combat mené en parallèle devant la Cour par Elleanor n'est pas uniquement un débat d'idées en vain ; l'enjeu est bien réel, il s'agit de la vie d'un homme. Confronter le téléspectateur avec cette réalité de la peine de mort, présentée comme inhumaine, constitue un argument résolument efficace pour revendiquer son abolition. Ces épisodes font aussi écho à deux épisodes de la série carcérale *Oz*, diffusée sur HBO, qui se focalisent sur l'exécution d'un personnage déficient mental, Cyril O'Reilly. L'insistance sur ses dernières heures, qu'il est le seul à ne pas être conscient de vivre, constitue un argument émotionnel fort contre la peine de mort. Dans leur mise en avant clinique du déroulement d'une exécution, étape par étape, ces récits sont très semblables à ceux de « L'esprit de l'Amérique ».

En définitive, à travers ces épisodes (et tous les autres dans lesquels le sujet est abordé), *The Practice* met en place une critique pratique, légale et éthique de la peine capitale, à travers laquelle elle s'attache à dénoncer un système injuste, faillible et inégalitaire. La critique de la peine de mort établie par la série repose ainsi en grande partie sur la mise en évidence des dérives possibles dans son application, notamment lorsque celle-ci est l'aboutissement d'une procédure judiciaire bâclée ou injuste. Loin de se contenter d'examiner les aspects purement légaux de la peine de mort, la série s'attarde aussi sur la diversité des arguments émotionnels, moraux, individuels ou religieux qui sous-tendent les positions de ses défenseurs et de ses détracteurs : la force et l'impact de ces épisodes tiennent aussi à la variété des positions qui y sont représentées, mettant en avant les tensions fondamentales qui existent autour de ce problème politique et moral. La confrontation des arguments tenus par les différents personnages en présence est destinée à impliquer le téléspectateur dans le débat, à lui fournir des éléments de réflexion et des bases solides pour prendre lui-même position et, éventuellement, en débattre dans son cercle intime de connaissances.

Depuis longtemps, l'information télévisée aux États-Unis se contente de traiter de la peine capitale de manière épisodique, au gré des débats politiques sur le sujet ou de la tenue d'exécutions, au lieu de la présenter dans un contexte plus vaste ou de proposer une réflexion générale sur celle-ci. C'est la fiction, et notamment *The Practice*, qui s'est alloué ce rôle, probablement de manière compensatoire. Ce faisant, la série propose une vision du sujet qui diffère de celle de la majorité des Américains. Ce décalage important indique qu'une série comme *The Practice* constitue véritablement une arène de réflexion à part, où la société et ses institutions peuvent faire l'objet d'un examen critique sans concession.

CONCLUSION

À l'instar de ce que la série classique *The Defenders* avait amorcé dans les années 1960, *The Practice* – fiction progressiste et contestatrice – dresse un tableau sans complaisance ni concession de la société américaine, mettant aussi bien en évidence les failles d'un système judiciaire procédurier à deux vitesses, que celles de la société américaine dans son ensemble. La série donne ainsi lieu à une réflexion critique sur une Amérique multiculturelle dans laquelle le système judiciaire et les individus oscillent entre désir d'intégration et discriminations effectives. À la certitude morale sans cesse réaffirmée par la majorité des séries judiciaires classiques, comme *Perry Mason* (dans laquelle l'avocat tient un rôle mythique de sauveur héroïque et où la justice est restaurée à la fin de l'épisode, incitant le spectateur à garder foi dans le système malgré ses erreurs possibles) s'oppose dans *The Practice* une incertitude fondamentale : le bien et le mal s'y présentent comme des notions ambivalentes, servies par des individus souvent bien en peine d'en délimiter les frontières, dans un monde fictionnel où la fin de l'épisode ne coïncide plus nécessairement avec le châtiment du criminel. Ce portrait intransigeant d'une Amérique à la recherche de repères a pour intention explicite d'engager le public à examiner de manière critique les rapports sociaux conflictuels mis en scène dans la fiction. John Ellis insiste ainsi sur l'intérêt social de néoséries comme celles de David E. Kelley, qui « creusent à travers les anxiétés et les incertitudes de notre monde et apportent au public autant de moyens de le comprendre qu'il est possible »[1].

Les séries contemporaines judiciaires – et *The Practice* en particulier – participent en effet de ces tentatives fictionnelles cherchant à englober de manière réflexive et critique la société américaine contemporaine, en incorporant à leurs récits tout ce qui donne matière à un débat social : le racisme, le crime, les gangs, la drogue, les armes, la liberté de la presse, les conflits entre les règles sociales et la liberté individuelle, les droits des homosexuels, des minorités, des handicapés et des enfants, la peine de mort, l'avortement, le Sida, la discrimination,

1. J. Ellis, *Seeing Things: Television in the Age of Uncertainty*, Londres, I. B. Tauris, 2000, p. 124.

les injustices sociales, l'éducation ou le harcèlement sexuel, parmi tant d'autres. Invitant à l'évaluation des règles et valeurs qui sont aux fondements de la vie sociale aux États-Unis, ces séries procèdent à la mise en scène de leur contexte historique et social complexe, en intégrant à la trame narrative et aux relations entre les personnages ces mêmes tensions qui secouent l'Amérique.

BIBLIOGRAPHIE

BECKETT Katherine, SASSON Theodore, *The Politics of Injustice: Crime and Punishment in America*, Thousand Oaks, Pine Forge Press, 2000.

CARDWELL Sarah, « Is Quality Television any Good? Generic Distinctions, Evaluations and the Troubling Matter of Critical Judgment », *in* Janet McCABE, Kim AKASS (eds.), *Quality TV: Contemporary American Television and Beyond*, Londres, I. B. TAURIS, 2007, p. 17-34.

ELLIS John, *Seeing Things: Television in the Age of Uncertainty*, Londres, I. B. TAURIS, 2000.

McCABE Janet, AKASS Kim (eds.), *Quality TV: Contemporary American Television and Beyond*, Londres, I. B. TAURIS, 2007.

THOMPSON Robert J., *Television's Second Golden Age*, Syracuse, Syracuse University Press, 1997.

VILLEZ Barbara, *Séries télé : visions de la justice*, Paris, PUF, 2005.

WINCKLER Martin, *Les Miroirs obscurs : grandes séries américaines d'aujourd'hui*, Paris, Au Diable Vauvert, 2005.

TABLE

Introduction 5

The Practice, un exemple de « télévision de qualité » 7

1. Une évaluation critique et réaliste du système judiciaire américain 15

The Practice, un guide pédagogique des procédures légales 19

Une remise en question éthique des professions liées à la justice 27

2. L'ambivalence des notions de culpabilité et d'innocence : une justice imprévisible 43

Des coupables innocentés… 45

… et des innocents condamnés 50

Une frontière flottante et ambiguë entre le bien et le mal 60

3. L'omniprésente question ethnique : être noir devant la justice 65

4. Dénoncer les dérives d'une société sécuritaire 77
Un engagement contre les armes à feu 79
Alimenter le débat sur la justice privée 83
Le malaise de la société américaine et les troubles de l'après-11 septembre 87
5. Un argumentaire filé contre la peine capitale 99
Conclusion 131
Bibliographie 135

Dans la même collection

Virginie Marcucci, *Desperate Housewives. Un plaisir coupable*, 2012

Gérard Wajcman, *Les Experts. La police des morts*, 2012

À paraître

Tristan Garcia, *Six Feet Under. Nos vies sans destin*, 2012

Jean-Baptiste Jeangène Vilmer, *24 heures chrono. Le choix du mal*, 2012

Laurent Jullier et Barbara Laborde. *Grey's Anatomy, du cœur au* care, 2012

Claire Sécail, *The Shield*, 2013

Barbara Villez, *Law and Order*, 2013

Daniel Weinstock, *Mad Men*, 2013

Cet ouvrage a été mis en pages et imprimé en France
par Jouve
1, rue du Docteur-Sauvé – 53101 Mayenne
ISBN 978-2-13-059418-5
CPPAP n° 1113 G 84061 — Impr. n° 871959Y
Dépôt légal : avril, 2012

JOUVE est titulaire du label imprim'vert®